U0716970

明宋濂等撰

元史

第八册

卷八九至卷九九（志）

中華書局

元史卷八十九

志第三十九

百官五

儲〔正〕〔政〕院，〔一〕秩正二品。至元十九年，立詹事院，備左右輔翼皇太子之任。置左、右詹事各一員，副詹事、詹事丞、院判各二員，吏屬六十有二人。別置宮臣賓客二員，左右諭德、左右贊善各一員，校書郎二員，中庶子、中允各一員。三十一年，太子裕宗既薨，乃以院之錢糧選法工役，悉歸太后位下，改爲徽政院以掌之。大德九年，復立詹事院，尋罷。十一年，更置詹事院，秩從一品，設官十二員。至大四年罷。延祐四年復立，七年罷。泰定元年，罷徽政院，改立詹事如前。天曆元年，改詹事院爲儲慶使司。二年罷，復立詹事院。未幾，改儲政院。院使六員，正二品；同知二員，正三品；僉院二員，從三品；同僉二員，正四品；院判二員，正五品；司議二員，從五品；長史二員，正六品；照磨二員，管勾二員，俱正八品；掾史一十二人，譯史四人，回回掾史二人，通事、知印各二人，宣使十人，典吏六人。其屬附見：

家令司，秩三品。家令、家丞各二員，典簿二員，照磨一員。掌太子飲膳供帳倉庫。至元二十年置。三十一年，改內宰司，隸徽政。大德十一年復立，秩陞從二。至大四年罷。延祐四年復立，秩正三品。七年罷。泰定元年，復以內宰司爲家令司。天曆元年罷，未幾復立。二年又罷。

典幄署，掌太子供帳。令、丞各二員，書史、書吏各二人。

府正司，秩從三品。掌鞍轡弓矢等物。至元二十年置。府正、府丞各二員，典簿一員，照磨一員。三十一年，改宮正司。大德十一年，復爲府正司。至大四年罷。延祐四年復立，七年罷。泰定元年復立。天曆二年，增府正、府丞各二員，尋罷。

資武庫，掌軍器。提點一員，大使一員。

（冀）〔驥〕用庫，〔三〕掌鞍轡。提點一員，大使一員。

延慶司，秩正三品。掌修建佛事。使二員，同知一員，副使、典簿各二員，照磨一員。至元二十一年始立，隸詹事院。三十一年，隸徽政院。大德十一年，立詹事院，別立延慶司，秩仍正三品，置卿、丞等員。泰定元年，改隸詹事院。天曆元年罷，二年復立，增丞二員。

典用監，卿四員，太監二員，少監二員，丞二員，經歷、知事各一員，照磨一員。掌供須、文成、藏珍三庫，內府供給段匹寶貨等物。至大元年立。天曆二年，設官如故，以三庫隸內宰司。

典醫監，秩正三品。領東宮太醫，修合供進藥餌。至元十九年，置典醫署，秩從五品。三十一年，改掌醫署，尋罷。大德十一年，復立典醫監。至大四年罷。泰定四年，復立署。天曆二年，改典醫監，秩正三品。置達魯花赤二員，卿三員，太監二員，少監二員，丞二員，經歷、知事各一員，吏屬凡十八人。其屬司一、局二。

廣濟提舉司，達魯花赤一員，提舉、同提舉、副提舉各一員。掌修合藥餌，以施貧民。

行典藥局，達魯花赤一員，大使、副使各二員。掌供奉東宮藥餌。

典藥局，達魯花赤一員，大使、副使、直長各二員。掌修製東宮藥餌。

典牧監，秩正三品。卿二員，太監二員，少監二員，丞二員，經歷、知事各一員，照磨一〔員〕，〔三〕吏屬凡十六人。掌孳畜之事。天曆二年始置。〔四〕

儲膳司，秩正三品。卿四員，少卿二員，丞二員，主事二員，照磨一員，令史六人，譯史、通事、知印各二人，奏差六人，典吏四人。掌皇太子飲膳之事。天曆二年立。

典寶監，秩正三品。卿、太監、少監、丞各二員，經歷、知事各一員，吏屬八人。至元十九年，立典寶署，從五品。二十年，陞正五品。三十一年罷。大德十一年，立監，秩正三品。至大四年罷。延祐四年復立，七年罷。泰定元年復置。天曆元年罷，二年復置。

以上俱係詹事院司屬。

掌謁司，秩正三品。司卿四員，少卿四員，丞二員，典簿二員，典書九人，奏差二人，知印、譯史、通事各一人。至元三十一年，改典寶署爲掌謁司，秩從五品，設官如之。元貞元年，陞四品，設官四員。大德十一年，陞正三品。至治三年罷。

甄用監，秩正三品。卿三員，太監、少監、丞各二員，經歷、知事、照磨各一員。掌供須、文成、藏珍三庫出納之事。至大元年設，至治三年罷。

延福司，秩正三品。令、丞各四員，典簿二員，照磨一員。掌供帳及扈從蓋造之人。大德十一年置，後併入羣牧監。

章慶使司，秩正三品。司使四員，同知、副使、司丞各二員，經歷、都事各二員，照磨、管勾各一員。至大三年立，至治三年罷。

奉徽庫，秩從五品。提點、大使各二員，副使四員，庫子六人。掌內府供給。至治三年罷，併入文成等庫。

壽和署，秩正五品。署令四員，署丞六員。舊隸儀鳳司，皇慶元年，改隸徽政院，遂爲章慶使司之屬。至治二年罷。

上都掌設署，秩正五品。署令五員，署丞二員。至大四年立，至治三年罷。

掌醫監，秩正五品。領監官一員、達魯花赤一員、卿四員、太卿五員、太監五員、少監六員、丞二員。至元三十一年，改典醫爲掌醫署，秩五品。至大元年陞監，設已上官員。至治三年罷。

修合司藥正司，秩從五品。達魯花赤一員，副使、直長各二員，掌藥六人。掌修合御用藥餌。至治三年罷。

行篋司藥局，秩從五品。達魯花赤一員，使、副使各二員。掌供奉御用藥餌。至治三年罷。

廣濟提舉司，秩從五品。達魯花赤、提舉、同提舉、副提舉各一員。掌修合藥餌，以濟貧民。

羣牧監，秩正三品。〔五〕掌中宮位下孳畜。卿三員，太卿、少卿、監丞各二員。至大四年立，至治三年罷。

掌儀署，秩正五品。令、丞各二員。掌戶口房舍等。至元二十年立，隸詹事院。三十一年，改隸徽政院。泰定元年，改典設署。

上都掌儀署，秩五品。令、丞各一員。掌戶口房舍等。大德十一年立，至治三年罷。

江西財賦提舉司，秩從五品。達魯花赤一員，提舉、同提舉、副提舉各一員。掌事產戶口錢糧造作〔等〕事。〔六〕至元二十七年立，至治二年罷。

織染局，局使、副使、局副各一員，相副官一員。

桑落娥眉洲管民提領所，提領、副提領各一員。

封郭等洲管民提領所，提領、同提領、副提領各一員。

龍興打捕提領所，提領、副提領各一員。

鄂州等處民戶水陸事產提舉司，達魯花赤一員，提舉、同提舉、副提舉各一員。掌太子位下江南園囿地土莊宅人戶。至元二十一年立，隸詹事，後改隸徽政。至治三年罷。

瑞州上高縣戶計長官司，秩從五品。達魯花赤一員，長官、副長官各一員。領本處戶八千。後隸徽政院，至治三年罷。

以上俱係徽政院司屬。

左都威衞使司，秩正三品。使三員，副使二員，僉事二員，經歷、知事、照磨各一員。至元十六年，以侍衞親軍一萬戶撥屬東宮，立侍衞都指揮使司。三十一年，改隆福宮左都威衞使司，隸中宮。至大三年，選造作軍士八百人，立千戶所一、百戶翼八以領之，而分局造作。延祐二年，置教授二。至治三年，罷軍匠千戶所。

鎮撫所，鎮撫二員，都目一員。

行軍千戶所，千戶二員，副千戶二員，知事、彈壓各一員，百戶二十員。

屯田左右千戶二所，千戶二員，都目一員，彈壓一員，百戶每所二十員。

弩軍千戶所，千戶二員，都目一員，彈壓一員。

資食倉，大使一員，副使一員。

右都威衞使司，秩正三品。衞使三員，副使二員，僉事二員，經歷、知事、照磨各一員。中統三年，〔以〕世祖〔以〕五投下探馬赤立總管府，〔七〕秩四品，設總管一員。二十一年，撥屬東宮。二十二年，改蒙古侍衞親軍都指揮使司，秩正三品。三十一年，改隆福宮右都威衞使司，秩仍舊。延祐二年，置儒學教授一員。四年，增蒙古字教授一員。其屬附見：

鎮撫司，〔八〕鎮撫二員，都目一員。

行軍千戶凡五所，秩正四品。千戶五員，副千戶五員，知事五員，百戶五十員，彈壓五員。

屯田千戶所，秩正五品。千戶二員，彈壓一員，百戶七員，都目一人。

廣貯倉，秩從九品。大使一員，副使一員，攢典一人。

衞候直都指揮使司，秩正四品。至元二十年，以控鶴一百三十五人，隸府正司。三十年，隸家令司。三十一年，增控鶴六十五人，立衞候司以領之，兼掌東宮儀從金銀器物。置衞候一員，副衞候二員，及儀從庫百戶。大德十一年，復增懷孟從行控鶴二百人，陞都指揮使司，秩正四品。延祐元年，陞正三品。七年，降正四品。至治三年罷。四年，以控鶴六百三十人，歸中宮位下。〔九〕泰定四年，復立司，秩仍正四品。達魯花赤二員，佩三珠虎符；都指揮使二員，佩三珠虎符；副指揮使二員，佩雙珠虎符；知事一員，提控案牘一員，令史四人，譯史、通事各一人，奏差二人。其屬附見：

百戶所凡六，秩從七品。每所置百戶二員。

儀從庫，秩從七品。大使二員，副使一員。

內宰司，秩三品。至元三十一年，既立徽政院，改家令爲內宰司。泰定元年，復爲家令司。天曆元年罷，未幾復立。二年罷，復改內宰司。內宰六員，司丞四員，典簿二員，照磨一員，令史十有二人，譯史、知印、通事各二人，奏差六人，典吏四人。其屬附見：

典膳署，秩五品。令二員，丞二員，書史一員，倉赤三十五人。掌內府飲膳之事。至元十九年始立，隸家令司。三十一年，改掌膳，隸內宰。泰定元年，復改爲典膳。

洪濟鎮，提領三員。掌辦納雁隻。隸典膳署。

柴炭局，秩從七品。提領一員，大使一員，副使一員。至元二十年，以東宮位下民一百戶燒炭二月，軍一百人採薪二月，供內府歲用，立局以主其出納，設官三員，俱受詹事院劄。大德十一年，隸徽政院。

藏珍、文成、供須三庫，秩俱從五品。各設提點二員、大使二員、副使二員。分掌金銀珠玉寶貨、段匹絲綿、皮氈鞍轡等物。國初，詹事出納之事，未有官署印信，至元二十七年分爲三庫，各設官六員，及庫子有差。

提舉備用庫，秩從五品。達魯花赤一員，提舉一員，大使一員，提控案牘一員。掌出納田賦財賦、差發課程、一切錢糧規運等事。至元二十年置。二十二年，設達魯花赤及首領官。

嘉醞局，秩五品。至元十七年，立掌飲局。大德十一年，改掌飲司，秩陞正四品。延祐六年，降掌飲司爲局。至治三年罷。泰定四年復立。天曆二年，改嘉醞局。提點二員，大使二員，副使二員，書史一員，書吏四人。

西山煤窰場，提領一員，大使一員，副使二員，俱受徽政院劄。至元二十四年置。領馬安山大峪寺石灰煤窰辦課，奉皇太后位下。

保定等路打捕提領所，秩從七品。提領四員，典史一員。至元十一年，收集人戶爲打捕戶計，及招到管絲銀差發稅糧等戶，立提領所。

廣平彰德課麥提領所，秩從七品。至元三十年，以二路渡江時駐蹕之地，召民種佃，遂立所，置官統之。

廣惠庫，大使一員，副使一員。至元三十年，以鈔本五千錠立庫，放典收息，納于備用庫。

豐裕倉，秩從七品。掌收貯中宮位下糯米。至治二年，設提領等官。三年罷。天曆二年，立儲政院，復給印。置監支納一員、倉使一員、攢典二人。

備物庫，秩從七品。掌東宮造作顏料，及雜器等物。至元二十五年置，隸詹事院。大德元年給印。十一年，置官四員。至治三年罷，泰定三年復立。大使二員，副使二員，庫子二人，攢典二人。

管領怯憐口諸色民匠都總管府，秩正三品。達魯花赤一員，總管一員，並正三品；同知員，正四品；副總管二員，正五品；經歷一員，從七品；知事一員，從八品；提控案牘、照磨、管勾各一員，令史十人，知印二人，通事一人，譯史二人，奏差六人，典吏四人。領怯憐口人匠造作等事。至大三年，立總管府。至治三年罷。天曆二年復立，隸儲政院。其屬附見：

管領大都怯憐口諸色人匠提舉司，秩正五品。達魯花赤一員，提舉一員，同提舉、副提舉各一員，首領官一員，司吏四人，部役二人。

管領上都怯憐口諸色人匠提舉司，秩正五品。達魯花赤一員，提舉一員，同提舉、副提舉各一員，首領官一員，司吏四人，部役二人。

典製局，秩從七品。大使、副使各一員，直長二員。

典設署，秩從五品。令丞各四員，書史一員，書吏四人。掌內府尤剌赤二百二十戶。至元二十年置。三十一年，改掌儀署，隸內宰司。泰定元年，復爲典設。天曆二年，隸本府。

雜造人匠提舉司，秩從四品。達魯花赤一員，提舉一員，同提舉、副提舉各一員，都目一員，司吏二人，部役二人。至元八年置。初隸繕珍司，至大三年改隸章慶司。章慶罷，凡造作之事悉歸之。天曆二年，隸本府。

雜造局，秩正九品。院長一員，直長一員，管勾一員。

隨路諸色人匠都總管府，秩正三品。中統五年，命招集析居放良還俗僧道等戶，習諸色匠藝，立管領怯憐口總管府，以司其造作，秩正四品。至元九年，陞正三品。大德十一年，改繕珍司。延祐六年，陞徽儀使司，秩正二品。七年，仍爲繕珍司，官屬如舊。至治三年，復改都總管府。達魯花赤一員，總管二員，並正三品；同知一員，正五品；副總管二員，從五品；經歷、知事、照磨、提控案牘各一員，令史四人，譯史一人，奏差二人，典吏一人。其屬附見：

上都諸色民匠提舉司，秩從五品。提舉一員，同提舉、副提舉、吏目各一員。至元十九年立。至大元年，增達魯花赤一員。至治三年，省增置之員，設官如舊。

金銀器盒局，秩從八品。大使一員，副使一員。至元七年置。

染局，秩正八品。大使一員，副使一員。至元七年置。

雜造局，正八品。大使、副使各一員。至元七年置。

泥瓦局，大使、副使各一員。至元七年置。

鐵局，大使一員，副使一員。至元七年置。

上都葫蘆局，大使一員，副使一員。至元七年置。

器物局，副使一員。中統五年置。

研金局，大使一員。至元二十年置。

鞍子局，大使一員。至元七年置。

雲州管納色提領所，提領一員。掌納色人戶。至元七年置。

大都等路諸色人匠提舉司，秩從五品。提舉、同提舉、副提舉各一員。至元十六年置。其屬附見：

雙線局，提領一員，副使一員。至元十八年置，受詹事院劄。

大小木局，大使一員，副使一員，直長一員。至元十八年置，受詹事院劄。元貞元年，併領皇后位下木局。

盒鉢局，大使一員，副使一員，直長一員。至元七年立，受府劄。

管納色提領一員，受府劄。管銅局、筋局、鎖兒局、粧釘局、雕木局。至元三十年置。

成製提舉司，秩從五品。達魯花赤一員，提舉一員，同提舉、副提舉各一員，吏目一員，司吏四人，部役二人。掌縫製之事。至元二十九年置，設官四員，受院劄。大德三年，陞提舉司。至治三年罷，泰定四年復置。

上都、大都貂鼠軟皮等局提領所，提領二員。至元九年置，受府劄。二十七年，給從七品印，改受省劄。大德十一年，給從六品印，改受敕牒。至治三年，仍改受省劄。其屬附見：

大都軟皮局，使一員，副使一員。至元十三年置。

斜皮局，局使一員，副使一員。至元十三年置。

上都軟皮局，局使一員，副使一員。至元十三年置。

牛皮局，大使一員。至元十三年置。

金絲子局，大使一員，副使一員，直長一員。至元十二年置。掌金絲子匠造作之事。

畫油局，大使一員，副使一員，直長一員。至元二十年置，受詹事院劄。

氈局，提領一員，大使一員，副使一員，直長一員。至元十三年，收集人戶爲氈匠。二十六年，始立局。

材木庫，大使、副使各二員。至元十六年置。掌造作材木。

瑪瑙玉局，大使、副使各一員，直長二員。至元十四年置。

大都奧魯提領所，提領一員。掌理人匠詞訟。至元十八年置，受詹事院劄。

上都奧魯提領所，提領一員，同提領一員。掌理人匠詞訟。至元十八年置，受詹事院劄。

上都異様毛子局，大使一員，副使一員。至元二十年置，受詹事院劄。

上都氈局，大使一員，副使一員，直長二員。至元二十年置，受詹事院劄。

上都斜皮等局，大使一員，副使一員。至元二十年置，受詹事院劄。

蔚州定安等處山場採木提領所，秩正八品。提領一員，大使一員，副使二員。至元十二年置。

上都隆興等路雜造鞍子局，提領一員，大使一員，直長二員。至元二十三年置，受詹事院劄。

眞定路冀州雜造局，大使一員，副使一員。掌造作之事。至元十九年置。

珠翠局，大使、副使各一員，直長一員。至元三十年置。

管領大都等路打捕鷹房臙粉人戶總管府，秩正四品。至元十四年，打捕鷹房達魯花赤，招集平灤散逸人戶。二十九年，立總管府。大德十一年，撥隸皇太后位下。延祐六年，陞正四品。置達魯花赤一員、總管一員、首領官一員、令史四人、譯史一人、奏差二人。

管領本投下大都等路怯憐口民匠總管府，國初招集怯憐口哈赤民匠一千一百餘戶，中統元年，立總管府。二年，給六品印，掌戶口錢帛差發等事。至元九年，撥隸安西王位下。皇慶元年，又屬公主皇后位下。延祐元年，改隸章慶司。天曆二年，又改隸儲政院。達魯花赤一員，總管一員，俱受御寶聖旨；同知一員，副總管一員，俱受安西王令旨；知事一員，令史二人。其屬附見：

織染提舉司，秩正七品。掌織造段匹。提舉一員，受安西王令旨；同提舉一員，本府擬人；副提舉一員，都目一員，俱受安西王傳劄；司吏一人。

管民提領所，凡三。大都路兼奉聖州提領六員，曹州提領二員，河間路提領三員，受本府劄。

管地提領所，凡二。奉聖州提領三員，東安州提領三員，受本府劄。

管領諸路怯憐口民匠都總管府，秩正三品。至元七年，招集析居從良還俗僧道，編籍人戶爲怯憐口，立總管府以領之。十四年，以所隸戶口善造作，屬中宮。十六年，立織染、雜造二局以司造作，立提領所以司徭役。二十五年，改陞正三品。延祐六年，改繕用司，仍三品。七年，復改府。達魯花赤一員，總管一員，並正三品；同知二員，正五品；副總管二員，從五品；經歷、知事、提控案牘兼照磨各一員，令史五人，譯史一人。其屬附見：

各處管民提領所，秩正七品。

河間，益都，保定，冀寧，晉寧，大名，濟寧，衞輝，宣德。

以上九所，提領、副提領各一員，相副官二員，典史一人，司吏二人。

汴梁，曹州，大同，開元，大寧，上都，濟南，眞定。

以上八所，提領、副提領、相副官各一員，典史一人，司吏一人。

大都，歸德，鄂漢。

以上三所，提領、同提領、副提領各一員，相副官一員，大都增一員，典史、司吏各一人。

織染局，秩正七品。大使、副使、相副官各一員，典史、司吏各一人。

雜造局，秩正七品。大使、副使、相副官各一員，典史、司吏各一人。

弘州衣錦院，秩正七品。大使、副使、直長各一員，典史、司吏各一人。

豐州毛子局，秩正七品。大使、副使各一員，典史、司吏各一人。

緡山毛子旋匠局，秩正七品。大使一員，典史、司吏各一人。

徐邳提舉司，秩正五品。提舉、同提舉、副提舉各一員，吏目、司吏各一人。

廣備庫，大使、副使各一員，俱受院劄。

汴梁等路管民總管府，秩正三品。達魯花赤、總管、同知、府判各一員，經歷、知事、提控案牘各一員。國初，立息州總管府，領歸附六千三百餘戶。元貞元年，又併壽潁歸附民戶二千四百餘戶，改汴梁等路管民總管府，掌各屯佃戶差發子粒，隸徽政院。泰定元年，改隸詹事院，後隸儲政院。其屬庫一、提領所八、管佃提領十二。

常盈庫，大使、副使各一員。

提領所：

新降戶，眞陽，新蔡，息州，汝寧，陳州，汴梁，鄭州，眞定。

以上八所，每所提領各一員，副提領、相副官有差。

管佃提領：

汝陽五里岡，許州（堰）〔郾〕城縣，〔一〇〕青龍宋岡，陳州（須）〔項〕城商水等屯，〔一一〕分山曲堰，許州臨潁屯，許州襄城屯，汝陽金鄉屯，潁豐堰，遂平橫山屯，上蔡浮召屯，汝陽縣烟亭屯。

以上十有二處，各設提領二員。

江淮等處財賦都總管府，秩正三品。達魯花赤、總管各一員，並正三品；同知一員，正五品；副總管二員，從五品；經歷、知事、照磨兼提控案牘各一員，令史十五人，奏差十五人，譯史一人，典吏三人。至元十六年，以宋謝太后、福王所獻事產，及賈似道地土、劉堅等田，立總管府以治之。大德四年罷，命有司掌其賦。天曆二年復立，其賦復歸焉。

儲用庫，提領、大使、副使各一員。

杭州織染局，大使、副使、相副官各一員。

揚州等處財賦提舉司，達魯花赤、提舉、同提舉、副提舉各一員，提控案牘、都目各一員。

其屬附見：

安慶等處河泊所，提領、大使、副使各一員。

建康等處財賦提舉司，達魯花赤、提舉、同提舉、副提舉各一員，提控案牘、都目各一員。

建康織染局，大使、副使、相副官各一員。

黃池織染局，大使、副使、相副官各一員。

建康等處三湖河泊所，提領、大使、副使、相副官各一員。

池州等處河泊所，提領、大使、副使各一員。

平江等處財賦提舉司，達魯花赤、提舉、同提舉、副提舉各一員，提控案牘、都目各一員。

杭州等處財賦提舉司，設官同上。

陝西等處管領毛子匠提舉司，達魯花赤、提舉各一員。國初，收集織造毛子人匠。至元三年，置官二員，皆世襲。

昭功萬戶都總使司，秩正三品。都總使二員，正三品；同知一員，從三品；副使二員，正四品；經歷、知事、照磨各一員，令史六人，譯史六人，知印二人，怯里馬赤二人，奏差六人，典吏四人。至順二年立，凡文宗潛邸扈從之臣，皆領於是府。其屬則宮相、膳工等司。

宮相都總管府，秩正三品。達魯花赤二員，都總管一員，副達魯花赤二員，同知二員，副總管二員，經歷、知事、提控案牘承發架閣各一員。至順二年，罷宮相府幷鶻駁司，改怯憐口錢糧總管府爲本府。

織染雜造人匠都總管府，秩正三品。達魯花赤一員，總管一員，同知一員，副總管二員，經歷、知事、提控案牘、照磨各一員。至元二十年，爲管領織染段匹匠人設總管府。元貞二年，以營繕浩繁，事務冗滯，陞爲都總管府，隸徽政院。天曆元年，改隸儲慶使司。三年，改屬宮相。

織染局，秩從七品。大使一員，副使一員。至元二十三年，改織染提舉司爲局。

綾錦局，秩從七品。大使一員，副使一員。至元八年置。九年，以招收析居放良還俗僧道爲工匠，二百八十有二戶，教習織造之事，遂定置以上官。

紋錦局，秩從七品。大使一員，副使一員。國初，以招收漏籍人戶，各管教習立局，領送納絲銀物料織造段匹。至元八年，設長官。十二年，以諸人匠賜東宮。十三年，罷長官，設以上官掌之。

中山局，秩從七品。大使一員，副使一員。國初，以招收隨路漏籍不當差人戶，立局管領，教習織造。至元十二年，以賜東宮，遂定置局官如上。

眞定局，秩從七品。大使一員。國初，招收戶計。中統元年置。掌織染造作。至正十六年，以賜東宮，設官悉如舊。

弘州、蕁麻林納失失局，秩從七品。二局各設大使一員、副使一員。至元十五年，招收析居放良等戶，教習人匠織造納失失，於弘州、蕁麻林二處置局。十六年，併爲一局。三十一年，徽政院以兩局相去一百餘里，管辦非便，後爲二局。

大名織染雜造兩提舉司，秩正六品。至元二十一年置。掌大名路民戶內織造人匠一千五百四十有奇。各置提舉、同提舉、副提舉一員。三十年，增置雜造達魯花赤一員。

供用庫，秩從九品。大使、副使各一員，受徽政院劄。國初，爲綾錦總庫。至元二十一年，改爲供用庫。

管領諸路打捕鷹房納綿等戶總管府，秩正三品。達魯花赤、都總管、同知、治中、府判各一員，經歷、知事、提控案牘各一員。掌人匠一萬三千有奇，歲辦稅糧皮貨，採捕野物鷹鶻，以供內府。至元十二年，賜東宮位下，遂以眞定所立總管府移置大都，隸詹事。十六年，合併所管之戶，置都總管以總治之。三十一年，詹事院罷，隸徽政。至大四年，隸崇祥院。延祐六年，又隸詹事。天曆元年，隸儲慶使司。至順元年，改屬宮相府。

管領上都等處打捕鷹房納綿等戶大使司，大使、副使各一員。

管領順德等處打捕鷹房納綿等戶提領所，達魯花赤、提領、副提領各一員。

管領冀寧等處打捕鷹房納綿等戶提領所，提領、副提領各一員。

管領大都左右巡院等處打捕鷹房納綿等戶提領所，提領、副提領各一員。

管領固安等處打捕鷹房納綿等戶提領所，提領、副提領各一員。

管領中山等處打捕鷹房納綿等戶提領所，提領、副提領各一員。

管領濟南等處打捕鷹房納綿等戶提領所，提領、副提領各一員。

管領德州等處打捕鷹房納綿等戶提領所，提領、副提領各一員。

管領益都等處打捕鷹房納綿等戶提領所，提領、副提領各一員。

管領大同等處打捕鷹房納綿等戶提領所，提領、副提領各一員。

管領濟寧等處打捕鷹房納綿等戶提領所，提領、副提領各一員。

管領興和等處打捕鷹房納綿等戶提領所，提領、副提領各一員。

管領晉寧等處打捕鷹房納綿等戶提領所，提領、副提領各一員。

管領順州稻田提領所，提領、副提領各一員。

管領懷慶稻田提領所，提領一員。

管領檀州等處打捕鷹房納綿等戶提領所，提領、副提領各一員。

管領大寧等處打捕鷹房納綿等戶提領所，提領、副提領各一員。

管領薊州等處打捕鷹房納綿等戶提領所，提領、副提領各一員。

管領眞定等處打捕鷹房納綿等戶提領所，設官同上。

管領趙州等處打捕鷹房納綿等戶提領所，設官同上。

管領保定等處打捕鷹房納綿等戶提領所，設官同上。

管領冀州等處打捕鷹房納綿等戶提領所，設官同上。

管領汴梁等處打捕鷹房納綿等戶提領所，設官同上。

廣衍庫，大使一員。

管領滑山炭場所。〔一三〕

繕工司，秩正三品。卿二員，少卿二員，丞二員，經歷、知事、照磨兼提控案牘、管勾承發架閣各一員，令史四人，譯史二人，知印二人，怯里馬赤一人，典吏三人。掌人匠營造之事。天曆二年置。其屬附見：

金玉珠翠提舉司，達魯花赤、提舉、同提舉、副提舉各一員，吏目一員，司吏四人。

大都織染提舉司，提舉二員，同提舉、副提舉各一員，吏目一員，司吏四人。

大都雜造提舉司，達魯花赤、提舉、同提舉、副提舉各一員，吏目一員，司吏四人。

富昌庫，大使一員，副使一員，庫子二人，攢典一人。

內史府，秩正二品。內史九員，正二品；中尉六員，正三品；司馬四員，正四品；諮議二員，從五品；記室二員，從六品；照磨兼管勾承發架閣庫，從八品；掾史八人，譯史四人，知印、通事各二人，宣使五人，典吏二人。至元二十九年，封晉王于太祖四斡耳朵之地，改王傅爲內史，秩從二，置官十四員。延祐五年，陞正二品，給印，分司京師，并分置官屬。

延慶司，秩正三品。掌王府祈禳之事。使三員，正三品；同知二員，正四品；典簿一員，從七品；令史二人，譯史、知印、通事各一人，奏差二人。至元二十七年置。

斷事官，秩正三品。理王府詞訟之事。斷事官一十六員，正三品；經歷、知事各一員，令史三人。

典軍司，秩從七品。掌控鶴百二十有六人。典軍二員，副使二員。大德四年置。

隨路諸色民匠打捕鷹房都總管府，秩正三品。總四斡耳朶位下戶計民匠造作之事。達魯花赤二員，都總管一員，同知一員，副總管二員，經歷、知事、提控案牘各一員，令史四人，奏差二人。至元二十四年置。官吏不入常調，凡斡耳朶之事，復置四總管以分掌之。

管領保定等路阿哈探馬兒諸色人匠總管府，秩從三品。掌太祖大斡耳朶一切事務。達魯花赤、總管、同知、副總管各一員，知事一員，吏二人。至元十七年置。

管領曹州東平等路民匠提舉司，秩從五品。達魯花赤、提舉、同提舉、副提舉各一員。至元十七年置。

管領大都納綿提舉司，秩從六品。達魯花赤、提舉、副提舉各一員。至元十七年置。

管領上都大都奉聖州長官司，秩從六品。管領出征軍五十有一戶。達魯花赤、長官各一員。至元十七年置。

管領保定織染局，秩從六品。管匠一百有一戶。達魯花赤、提舉、同提舉、副提舉各一員。至元十七年置。

管領豐州捏只局，頭目一員。掌織造花毯。至元十七年置。

管領打捕鷹房民匠達魯花赤總管府，秩正四品。掌二皇后斡耳朵位下歲賜財物造作等事。達魯花赤、總管、同知、副總管、知事各一員，吏二人。至元二十一年置。

管領口子迤北長官司，秩從五品。掌領戶計二百有六。達魯花赤、長官、副長官各一員。至元二十一年置。

管領隨路諸色民匠達魯花赤等官，秩正五品。統民匠一千五百二十有五戶。達魯花赤、總管、同知、副總管各一員。至元二十一年置。

管領隨路打捕納綿民匠長官司，秩從五品。掌民匠一百七十有九戶。達魯花赤、長官各一員。至元二十一年置。

管領大都民匠提舉司，秩正七品。掌民匠二百有二戶。提舉、同提舉、副提舉各一員。至元二十一年置。

管領涿州成錦局人匠提舉司，秩從五品。領匠一百有二戶。達魯花赤、提舉、同提舉、副提舉各一員。至元二十一年置。

管領河間民匠提舉司，秩從四品。掌民匠二百一十戶。達魯花赤、提舉、同提舉、副提舉各一員。至元二十一年置。

管領河間滄州等處長官司，秩正五品。領戶計五百四十有八。達魯花赤、長官、副長官各一員。至元二十一年置。

管領河間臨邑等處軍民長官司，秩正七品。掌軍民二百有二戶。達魯花赤、長官、副長官各一員。至元二十一年置。

管領隨路諸色民匠打捕鷹房等戶總管府，秩從四品。掌太祖斡耳朵四季行營一切事務。達魯花赤、總管、同知、副總管、知事各一員，司吏二人。大德二年置。

管領涿州等處民匠異錦局，秩正五品。掌民匠一百五十戶。達魯花赤、提舉、同提舉、副提舉各一員。大德二年置。

管領上用織染局，秩從七品。掌工匠七十有八戶。提舉、同提舉、副提舉各一員。大德二年置。

管領上都大都麴米等長官司，秩從七品。領民匠七十有九戶。達魯花赤、長官、副長官各一員。大德二年置。

管領彰德等處長官司，秩從七品。掌民一百一十有七戶。達魯花赤、長官、副長官各一員。大德二年置。

管領上都大都等處長官司，秩從五品。掌民二百六十有一戶。達魯花赤、長官、副長官各一員。大德二年置。

管領泰安等處長官司，秩正七品。掌民一百有一戶。達魯花赤、長官、副長官各一員。大德二年置。

管領曹州等處長官司，秩從五品。管民一百有五戶。達魯花赤、長官、副長官各一員。大德二年置。

管領隨路打捕鷹房諸色民匠怯憐口總管府，秩從三品。掌太祖四皇后位下四季行營幷歲賜造作之事。達魯花赤、總管、同知、副總管各一員，經歷、知事、提控案牘兼照磨各一員，司吏二人。延祐五年置。

管領大都上都打捕鷹房納米麪提舉司，秩從五品。統領一百九十有五戶。達魯花赤、提舉各一員。延祐五年置。

管領大都涿州織染提舉司，秩從七品。掌領九十有六戶。達魯花赤、提舉各一員。延祐五年置。

管領河間路清州人匠提舉司，秩從五品。掌戶計二百三十有四戶。達魯花赤、提舉各一員。延祐五年置。

隨路打捕鷹房諸色民匠總管府，秩正四品。掌北安王位下歲賜錢糧之事。達魯花赤、總管、同知、副總管、知事各一員。至元二十二年置。

管領大都等處納綿提舉司，秩正七品。掌納綿戶計七百有三戶。達魯花赤、提舉、副提舉各一員。至元二十二年置。

管領大都等處金玉民匠稻田提舉司，秩從五品。掌納綿人匠五百二十有一戶。達魯花赤、提舉、副提舉各一員。至元二十二年置。

管領大都薊州等處打捕提舉司，秩從五品。掌打捕戶及民匠六百餘戶。達魯花赤、提舉、副提舉各一員。至元二十二年置。

雜造局，秩正六品。達魯花赤一員，提舉、同提舉、副提舉各一員。至元十六年置。

怯憐口諸色民匠達魯花赤并管領上都納綿提舉司，秩正五品。掌迭只斡耳朵位下怯憐口諸色民匠及歲賜錢糧等事。達魯花赤、長官、同知、副長官各一員，提控案牘一員。

上都人匠提領所，秩從七品。達魯花赤、提領、同提領、副提領各一員。至元二十四年置。

上都大都提領所，秩從七品。掌本位下怯憐口等事。達魯花赤、大使、副使各一員。至元二十七年置。

歸德長官司，秩從六品。達魯花赤、長官、副長官各一員。至治三年置。

管領上都大都諸色人匠納綿戶提舉司，秩從五品。掌斡耳朶位下歲賜等事。達魯花赤、提舉、同提舉各一員。至元十七年置。

致用庫，秩從七品。提領、大使各一員，副使二員。至元二十七年置。

提領司，秩從八品。提領三員，副提領一員。至元十一年置。

上都人匠局，秩從七品。達魯花赤二員，副使二員。至元二十七年置。

諸王傅官，寬徹不花太子至齊王位下，凡四十五王，每位下各設王傅、傅尉、司馬三員。傅尉，唯寬徹不花、也不干、斡羅溫〔孫〕三王有之。〔一三〕自此以下，皆稱府尉，別於王傅之下，司馬之上。而三員並設，又多寡不同，或少至一員，或多至三員者。齊王則又獨設王傅一員。

都護府，秩從二品。掌領舊州城及畏吾兒之居漢地者，有詞訟則聽之。大都護四員，從二品；同知二員，從三品；副都護二員，從四品；經歷一員，從六品；都事一員，從七品；照磨兼承發架閣庫管勾一員，正八品；令史四人，譯史二人，通事、知印各一人，宣使四人，典吏二人。至元十一年，初置畏吾兒斷事官，秩三品。十七年，改領北庭都護府，秩〔從〕二品，〔一四〕置官十二員。二十年，改大理寺，秩正三品。二十二年，復爲大都護，品秩如舊。延祐三年，陞正二品。七年，復從二品，定官制如上。

崇福司，秩〔從〕二品。〔一五〕掌領馬兒哈昔列班也里可溫十字寺祭享等事。司使四員，從二品；同知二員，從三品；副使二員，從四品；司丞二員，從五品；經歷一員，從六品；都事一員，從七品；照磨一員，正八品；令史二人，譯史、通事、知印各一人，宣使二人。至元二十六年置。延祐二年，改爲院，置領院事一員，省併天下也里可溫掌教司七十二所，悉以其事歸之。七年，復爲司，後定置已上官員。

校勘記

〔一〕儲(正)〔政〕院　從北監本改。

〔二〕(冀)〔驥〕用庫　據本書卷二二武宗紀至大元年三月戊寅條改。本證已校。

〔三〕照磨一〔員〕　從道光本補。

〔四〕天曆二年始置　按本書卷二二武宗紀，大德十一年九月丙子已置典牧監，疑「始」字有誤。本證云「當是復置」。

〔五〕羣牧監秩正二品　按本書卷二四仁宗紀至大四年十月壬辰條作「秩正三品」。羣牧監爲徽政院附屬，徽政院秩正二品，其附屬據本卷所載，多爲三品、五品。疑志誤。

〔六〕造作〔等〕事　原空闕，從北監本補。

〔七〕(以)世祖〔以〕五投下探馬赤立總管府　據本書卷九九兵志改正。

〔八〕鎮撫司　按前文左都威衞爲「鎮撫所」，本書卷八六百官志右、左、中、前、後五衞及武衞、隆鎮衞等亦均爲「鎮撫所」。新編改「司」爲「所」，疑是。

〔九〕四年以控鶴六百三十人歸中宮位下　道光本考證云：「按英宗建元至治，在位三年。此云四年以控鶴六百三十人歸中宮位下，誤也。兵志與此正同。」

〔一〇〕許州(堰)〔郾〕城縣　道光本與本書卷五九地理志合，從改。

〔一一〕陳州（須）〔項〕城　按本書卷五八地理志，須城縣屬東平路，與此無涉。本書卷五九地理志汴梁路陳州屬縣有「項城」，據改。

〔一二〕管領滑山炭場所　本所官員名數脫書，殿本有「大使一員」。

〔一三〕斡羅溫〔孫〕　據本書卷二五仁宗紀延祐二年七月甲寅、卷二八英宗紀至治二年三月己丑條、卷一〇八諸王表補。

〔一四〕十七年改領北庭都護府秩〔從〕二品　據前後文及本書卷一一世祖紀至元十八年二月乙酉條補。本證已校。

〔一五〕崇福司秩〔從〕二品　據下文及本書卷一五世祖紀至元二十六年二月癸亥條、元典章卷七官制職品補。新元史已校。

元史卷九十

志第四十

百官六

大都留守司，秩正二品。掌守衞宮闕都城，調度本路供億諸務，兼理營繕內府諸邸、都宮原廟、尙方車服、殿廡供帳、內苑花木，及行幸湯沐宴游之所，門禁關鑰啓閉之事。留守五員，正二品；同知二員，正三品；副留守二員，正四品；判官二員，正五品；經歷一員，從六品；都事二員，從七品；管勾承發架閣庫一員，正八品；照磨兼覆料官一員，部役官兼壕寨一員，令史十八人，宣使十七人，典吏五人，知印二人，蒙古必闍赤三人，回回令史一人，通事一人。至元十九年，罷宮殿府行工部，置大都留守司，兼本路都總管，知少府監事。二十一年，別置大都路都總管府治民事，并少府監歸留守司。皇慶元年，別置少府監。延祐七年，罷少府監，復以留守兼監事。其屬附見：

修內司，秩從五品。領十四局人匠四百五十戶，掌修建宮殿及大都造作等事。提點一員，大使一員，副使一員，直長五員，吏目一員，照磨一員，部役七員，司吏六人。中統二年置。至元中，增工匠，計一千二百七十有二戶。其屬附見：

大木局，提領七員，管勾三員。掌殿閣營繕之事。中統二年置。

小木局，提領二員，同提領一員，副提領三員，管勾二員，提控四員。中統四年置。

泥廈局，提領八員，管勾二員。中統四年置。

車局，提領二員，管勾一員。中統五年置。

粧釘局，提領二員，同提領二員。中統四年置。

銅局，提領一員，同提領一員，管勾一員。中統四年置。以上六局，秩從八品。

竹作局，提領二員，提控一員。中統四年置。

繩局，提領二員。中統五年始置。

祗應司，秩從五品。掌內府諸王邸第異巧工作，修禳應辦寺觀營繕，領工匠七百戶。大使一員，從五品；副使一員，正七品；直長三員，正八品；吏目一員，司吏二人。國初，建兩京殿宇，始置司以備工役。其屬附見：

油漆局，提領五員，同提領、副提領各一員。掌兩都宮殿髹漆之工。中統元年置。

畫局，提領五員，管勾一員。掌諸殿宇藻繪之工。中統元年置。

銷金局，提領一員，管勾二員。掌諸殿宇裝鍪之工。中統四年置。

裱褙局，提領一員。掌諸殿宇裝潢之工。中統二年置。

燒紅局，提領二員。掌諸宮殿所用心紅顏料。至元元年置。

器物局，秩從五品。掌內府宮殿、京城門戶、寺觀公廨營繕，及御用各位下鞍轡、忽哥轎子、帳房車輛、金寶器物，凡精巧之藝，雜作匠戶，無不隸焉。大使一員，從五品；副使一員，正七品；直長二員，正八品；吏目一員，司吏二人。中統四年，始立御用器物局，受省劄。至元七年，改爲器物局，秩如上。其屬附見：

鐵局，提領三員，管勾三員，提控一人。掌諸殿宇輕細鐵工。中統四年置。

減鐵局，管勾一員，提控二人。掌造御用及諸宮邸繫腰。中統四年置。

盒鉢局，提領二員。掌製御用繫腰。中統四年置。

成鞍局，提領三員。掌造御用鞍轡、象轎。中統四年置。

羊山鞍局，提領一員，提控一員。掌造常課鞍轡諸物。至元十八年置。

網局，提領二員，管勾一員。掌成造宮殿網扇之工。中統四年置。

刀子局，提控二員。掌造御用及諸宮邸寶貝佩刀之工。中統四年置。

旋局，提領二員。掌造御用異様木植器物之工。中統四年置。

銀局，提領一員。掌造御用金銀器盒繫腰諸物。中統四年置。

轎子局，提領一員。掌造御用異様木植鞍子諸物。中統四年置。

採石局，秩從七品。大使、副使各一員。掌夫匠營造內府殿宇寺觀橋牐石材之役。至元四年，置石局總管。十一年，撥採石之夫二千餘戶，常任工役，置大都等處採石提舉司。二十六年罷，立採石局。

山場，提領一員，管勾五員。至元四年置。

大都城門尉，秩正六品。尉二員，副尉一員。掌門禁啓閉管鑰之事。至元二十年置，以四怯薛八剌哈赤爲之。二十四年，復以六衞親軍參掌。凡十有一門：曰麗正，曰文明，曰順承，曰平則，曰和義，曰肅清，曰安貞，曰健德，曰光熙，曰崇仁，曰齊化。每門設官如上。

犀象牙局，秩從六品。大使、副使、直長各一員，司吏一人。掌兩都宮殿營繕犀象龍床卓器繫腰等事。中統四年置，設官一員。至元五年，增副使〔一員〕。〔一〕管匠戶一百有五十。其屬附見：

雕木局，提領一員。掌宮殿香閣營繕之事。至元十一年置。

牙局，提領一員，管勾一員。掌宮殿象牙龍床之工。至元十一年置。

大都四窰場，秩從六品。提領、大使、副使各一員。領匠夫三百餘戶，營造素白琉璃磚瓦，隸少府監。至元十三年置。其屬三：

南窰場，大使、副使各一員。中統四年置。

西窰場，大使、副使各一員。至元四年置。

琉璃局，大使、副使各一員。中統四年置。

凡山採木提舉司，秩從五品。掌採伐車輛等雜作木植，及造只孫繫腰刀把諸物。達魯花赤、提舉各一員，並從五品；同提舉一員，正七品；副提舉一員，正八品；吏目一員，司吏六人。至元十四年置。

上都採山提領所，秩從八品。提領、副提領、提控各一員。至元九年，以採伐材木，鍊石爲灰，徵發夫匠一百六十三戶，遂置官以統之。

凡山宛平等處管夫匠所，提領二員，同提領二員，管領催車材戶提領一員。至元十五年置。

器備庫，秩從五品。提點一員，從五品；大使一員，從六品；副使二員，正七品；直長四員，正八品。掌殿閣金銀寶器二千餘事。至元二十七年置。

甸皮局，秩正七品。大使一員。管匠三十餘戶。至元七年置。十四年，始定品秩。二十一年，改隸留守司。歲辦熟造紅甸羊皮二千有奇。

上林署，秩從七品。署令、署丞各一員，直長一員。掌宮苑栽植花卉，供進蔬菓，種苜蓿以飼駝馬，備煤炭以給營繕。至元二十四年置。

養種園，提領二員。掌西山淘煤，羊山燒造黑白木炭，以供修建之用。中統三年置。

花園，管勾二員。掌花卉果木。至元二十四年置。

苜蓿園，提領三員。掌種苜蓿，以飼馬駝膳羊。

儀鸞局，秩正五品。掌殿庭燈燭張設之事，及殿閣浴室門戶鎖鑰，苑中龍舟，圈檻珍異禽獸，給用內府諸宮太廟等處祭祀庭燎，縫製簾帷，灑掃掖庭，領燭剌赤、水手、樂人、禁蛇人等二百三十餘戶。輪直怯薛大使四員，正五品；副使二員，從六品；直長二員，正八品；都目一員，書吏二人，庫子一人。至元十一年置局，秩正七品。二十三年，陞正五品。至大四年，仁宗御西宮，又別立儀鸞局，設置亦同。延祐七年，增大使二員，以宦者爲之。

領四提領所：

燭剌赤，提領八員，提控四員。

水手，提領二員。

針工，提領一員。

蠟燭局，提領一員。

木場，提領一員，大使一員，副使一員。掌受給營造宮殿材木。至元四年，置南東二木場。十七年，併爲一場。

大都路管領諸色人匠提舉司，秩從五品。掌大都諸色匠戶理斷昏田詞訟等事。提舉一員，從五品；同提舉一員，正七品；副提舉一員，正八品；吏目一人，司吏二人。中統四年，置人匠奧魯總管府，秩從四品。至元十二年，改提舉司。十五年，兼管採石人戶，秩如舊。

眞定路、東平路管匠官，秩從七品。每路大使一員，副使一員，中統四年置。

保定路、宣德府管匠官，秩從七品。保定大使一員，副使一員，管匠官一員；宣德二員。中統四年置。

大名路管匠官，秩從七品。大使一員，管匠官三員。中統四年置。

晉寧、冀寧、大同、河間四路管匠官，秩從七品。每路大使、副使各一員。中統四年置。

收支庫，秩正九品。掌受給營繕。提點一員，大使一員，副使二員，直長二員，庫子二人。至元四年置。

諸色庫，秩從八品。掌修內材木，及江南徵索異様木植，幷應辦官寺齋事。大使一員，副使一員，司庫二人。至大四年置。

太廟收支諸物庫，秩從八品。大使、副使各一員，司庫四人。至治二年，以營治太廟始置。

南寺、北寺收支諸物二庫，秩從七品。提領、大使各一員，副使二員，司庫之屬凡十人。至治元年，以建壽安山寺始置。

廣誼司，秩正三品。司令二員，正三品；同知二員，正四品；副使二員，正五品；判官二員，正六品；經歷、知事各二員，照磨一員。總和顧和買、營繕織造工役、供億物色之務。至元十四年，改覆實司辨驗官，兼提舉市令司。大德五年，又分大都路總管府官屬，置供需府。至順二年罷之，立廣誼司。

武備寺，秩正三品。掌繕治戎器，兼典受給。卿四員，正三品；同判六員，從三品；少卿四員，從四品；丞四員，從五品；經歷、知事各一員，照磨兼提控案牘一員，承發架閣庫管勾一員，辨驗弓官二員，辨驗筋角翎毛等官二員，令史十有三人。至元五年，始立軍器監，秩四品。十九年，陞正三品。二十年，立衞尉院。改軍器監爲武備監，秩正四品，隸衞尉院。二十一年，改監爲寺，與衞尉並立。大德十一年，陞爲院。至大四年，復爲寺，設官如舊。

其所轄屬官，則自爲選擇其匠戶之能者任之。

壽武庫，秩從五品。提點二員，從五品；大使二員，正六品；副使四員，正七品；庫子一十人。至元十年，以衣甲庫改置。

利器庫，秩從五品。提點三員，大使二員，副使三員，秩品同壽武庫，庫子一十人。至元五年，始立軍器庫。十年，通掌隨路軍器，改利器庫。

廣勝庫，秩從五品。掌平陽、太原等處歲造兵器，以給北邊征戍軍需。達魯花赤一員，大使、副使各一員，庫子一人。

大同路軍器人匠提舉司，秩從五品。達魯花赤一員，提舉一員，並從五品；同提舉一員，正七品；副提舉一員，正八品。其屬：豐州甲局，院長一員；應州甲局，院長一員；平地縣甲局，院長一員；山陰縣甲局，院長一員；白登縣甲局，頭目一人；豐州弓局，使一員；賽甫丁弓局，頭目一人。

平陽路軍器人匠提舉司，秩正六品。達魯花赤一員，提舉、同提舉、副提舉各一員。其屬：本路投下雜造局，大使一員，副使一員；絳州甲局，大使一員。

太原路軍器人匠局，秩正七品。達魯花赤一員，局使一員，副使一員，吏目一員。

保定軍器人匠提舉司，秩從六品。達魯花赤、提舉、同提舉、副提舉各一員。其屬：河間甲局，院長一員；蘄州安平縣甲局，〔三〕院長一員；陵州箭局，頭目一人。

眞定路軍器人匠提舉司，秩從六品。達魯花赤、提舉、同提舉、副提舉各一員。其屬：冀州甲局，院長一人。

懷孟河南等路軍器人匠局，秩正七品。局使、局副各一員。其屬：懷孟路弓局，院長一員。

汴梁路軍器局，秩正七品。局使、局副各一員。其屬：常課弓局，院長一員；常課甲局，院長一員。

益都濟南箭局，秩正七品。局使一員。

彰德路軍器人匠局，秩正七品。大使一員，副使一員。

大名軍器局，秩正七品。大使、副使各一員。

上都甲匠提舉司，秩從五品。提舉、同提舉、副提舉各一員。其屬：興州白局子甲局，院長一員；興州千戶寨甲局，院長一員；松州五指崖甲局，院長一員；松州勝安甲局，院長一員。

遼河等處諸色人匠提舉司，秩從五品。達魯花赤、提舉、同提舉各一員。其屬：遼蓋弓局，大使、副使各一員；蓋州甲局，局使一員。

上都雜造局，秩正七品。大使、副使各一員。

奉聖州軍器局，秩從七品。大使、副使各一員。

蔚州軍器人匠提舉司，秩正六品。達魯花赤、提舉、同提舉、副提舉各一員。

宣德府軍器人匠提舉司，秩正六品。達魯花赤、提舉、同提舉、副提舉各一員。

廣平路甲局，院長一員。

東平等路軍器人匠提舉司，秩從五品。達魯花赤、提舉、同提舉、副提舉各一員。

通州甲匠提舉司，秩正六品。達魯花赤、提舉、同提舉、副提舉各一員。

薊州甲匠提舉司，秩正五品。達魯花赤、提舉、同提舉、副提舉各一員。

大都甲匠提舉司，秩正六品。達魯花赤、提舉、同提舉、副提舉各一員。

欠州武器局，秩從五品。大使、副使各一員。

大都箭局，秩從七品。大使、副使各一員。

大寧路軍器人匠提舉司，秩從六品。達魯花赤、提舉、同提舉、副提舉各一員。

豐州雜造局，秩正六品。達魯花赤、大使、副使各一員。

歸德府軍器局，院長一員。

汝寧府軍器局，院長一員。

陳州軍器局，院長一員。

許州軍器局，秩從七品。大使、副使各一員。

咸平府軍器人匠局，秩從七品。達魯花赤、大使、副使各一員。

大都弓匠提舉司，秩正五品。達魯花赤、提舉、同提舉、副提舉各一員。其屬：雙搭弓局，大使、副使各一員；成吉里弓局，大使、副使各一員；通州弓局，院長一員。

大都弦局，大使、副使各一員。至元三十年，改提舉司置局。

隆興路軍器人匠局，達魯花赤、大使、副使各一員。至元三十年置。

平灤路軍器人匠局，大使、副使各一員。至元三十年置。

大都雜造局，提領二員。元貞二年置。

太僕寺，秩從二品。掌阿塔思馬匹，受給造作鞍轡之事。中統四年，設羣牧所。至元十六年，改尚牧監。十九年，又改太僕院。二十年，改衞尉院。二十四年，罷院，立太僕寺。又別置尚乘寺以管鞍轡，而本寺止管阿塔思馬匹。二十五年，隸中書，置提調官二員。大德十一年，復改太僕院。至大四年，仍爲寺。卿二員，從二品；少卿二員，從四品；丞二員，從五品；經歷、知事、照磨、管勾各一員，令史七人，譯史、知印、通事各二人，奏差四人，回回令史一人，典吏二人。

尚乘寺，秩（從）〔正〕三品。〔三〕掌上御鞍轡輿輦，阿塔思羣牧騸馬驢騾，及領隨路局院鞍轡等造作，收支行省歲造鞍轡，理四怯薛阿塔赤詞訟，起取南北遠方馬匹等事。卿四員，正三品；少卿二員，從四品；丞二員，從五品；經歷、知事、照磨、管勾各一員，令史六人，譯史二人，知印二人，通事二人，奏差五人，典吏二人。至元二十四年，罷衛尉院，始設尚乘寺，領資乘庫。大德十一年，陞爲院，秩從二品。至大四年，復爲寺。延祐七年，降從三品。

資乘庫，秩從五品。提點四員，從五品；大使三員，正六品；副使四員，正七品；庫子四人。掌收支鞍轡等物。至元十三年置。二十年，隸衛尉。二十四年，隸尚乘寺。

長信寺，秩正三品。領大斡耳朶怯憐口諸事。卿四員，正三品；少卿二員，從四品；寺丞二員，從五品；經歷、知事各一員，令史六人，譯史、知印各二人，通事一人，奏差四人。大德五年置。至大元年，改陞爲院。四年，仍爲寺，卿五員，增少卿一員，以宦者爲之。延祐七年，省寺卿、少卿各一員，定置如上。

怯憐口諸色人匠提舉司，秩從五品。領大都、上都二鐵局并怯憐〔口〕人匠，〔四〕以材木鐵炭皮貨諸色，備斡耳朶各枝房帳之需。達魯花赤一員，提舉、同提舉、副提舉各一員，吏目一人，司吏四人。至元二十五年置。

大都鐵局，秩從五品。掌斡耳朶上下往來造作粧釘房車。大使一員，副使一員，直長一員。至元十二年置。

上都鐵局，大使一員，副使一員。至元十六年置。掌職如前。

長秋寺，秩正三品。掌武宗五斡耳朶戶口錢糧營繕諸事。寺卿五員，正三品；少卿二員，從四品；寺丞二員，從五品；經歷、知事各一員，令史六人，譯史、知印各二人，通事一人，奏差四人。皇慶二年置。其屬二：

怯憐口諸色人匠提舉司，秩從五品。掌正宮造作之役。達魯花赤一員，同提舉、副提舉各一員，〔五〕吏目一人，司吏四人。至大元年，斡耳朶三位下撥到人匠五百九十三戶，始置提舉司，隸中政院，後屬長信寺。

怯憐口諸色人匠提舉司，秩從五品。掌領武宗軍上北來人匠。達魯花赤一員，提舉一員，同提舉、副提舉各一員，吏目一人，司吏二人。至大元年置。

承徽寺，秩正三品。掌答兒麻失里皇后位下錢糧營繕等事。寺卿五員，正三品；少卿二員，從四品；寺丞二員，從五品；經歷、知事各一員，令史六人，譯史、知印各二人，通事一人，奏差四人。至治元年置。其屬二：

怯憐口諸色人匠提舉司二，秩正五品。各設達魯花赤一員，提舉、同提舉、副提舉各一員，吏目一人，司吏三人。至治三年置。

長寧寺，秩正三品。掌英宗速哥八剌皇后位下戶口錢糧營繕等事。寺卿六員，正三品；少卿二員，從四品；寺丞二員，從五品；經歷、知事各一員，吏屬令史六人，譯史、知印各二人，怯里馬赤一人，奏差四人。至治三年置。

長慶寺，秩正三品。掌成宗斡耳朶及常歲管辦禾失房子、行幸怯薛台人等衣糧之事。寺卿六員，少卿二員，寺丞二員，品秩同長寧寺；經歷、知事各一員，令史六人，譯史、知印各二人，怯里馬赤一人，奏差四人。泰定元年置。

寧徽寺，秩正三品。隸八不沙皇后位下。寺卿六員，少卿四員，丞二員，品秩同長慶寺；經歷、知事各一員。天曆二年置。

太府監，秩正三品。領左、右藏等庫，掌錢帛出納之數。太卿六員，正三品；太監六員，從三品；少監五員，從四品；丞五員，正五品；經歷、知事、照磨各一員，令史八人，譯史三人，通事、知印各一人，奏差四人。中統四年置。至元四年，爲宣徽太府監，凡內府藏庫悉隸焉。八年，陞正(二)〔三〕品。〔六〕大德九年，改爲院，秩從二品，院判參用宦者。至大四年，復爲監，定置如上。

內藏庫，秩從五品。掌出納御用諸王段匹納失失紗羅絨錦南綿香貨諸物。提點四員，從五品；大使二員，正六品；副使二員，正七品。至元二年，置署上都。十九年，始署大都，以宦者領之。復有行內藏，二十八年省之，止存內藏及左右二庫。

右藏，提點四員，大使二員，副使二員，品秩同上。掌收支金銀寶鈔、只孫段匹、水晶瑪瑙玉璞諸物。至元十九年置。

左藏，提點四員，大使二員，副使二員，品秩同上。掌收支常課和買紗羅布絹絲綿絨錦木綿鋪陳衣服諸物。至元十九年置。

度支監，秩正三品。掌給馬駝芻粟。卿三員，正三品；太監二員，從三品；少監三員，從四品；監丞二員，從五品；經歷二員，知事一員，提控案牘一員，照磨兼管勾一員，令史十四人，譯史四人，通事、知印三人，奏差四人，典吏五人。國初，置孛可孫。至元八年，以重臣領之。十三年，省孛可孫，以宣徽兼其任。至大二年，改立度支院。四年，改爲監。

利用監，秩正三品。掌出納皮貨衣物之事。監卿八員，正三品；太監五員，從三品；少監五員，從四品；監丞四員，正五品；經歷、知事、照磨、管勾各一員，令史八人，譯史二人，通事、知印各一人，奏差六人，典吏三人。至元十年置。二十年罷，二十六年復置。大德十一年，改爲院。至大四年，復爲監。

資用庫，秩從五品。提點二員，從五品；大使三員，正六品；副使五員，正七品；庫子五人。至元二年置，隸太府。十年，隸利用。

怯憐口皮局人匠提舉司，秩正五品。提舉二員，同提舉一員，提控案牘一員。中統元年置局。至元六年，改提舉司。

雜造雙線局，秩從八品。造內府皮貨鷹帽等物。大使、副使、直長、典史各一員。

熟皮局，掌每歲熟造野獸皮貨等物。大使、副使、直長各一員。至元二十年置。

軟皮局，掌內府細色銀鼠野獸諸色皮貨。大使、副使、直長各一員。至元二十五年置。

斜皮局，掌每歲熟造內府各色野馬皮胯。副使二員。至元二十年置。

貂鼠局提舉司，秩從五品。提舉一員，同提舉、副提舉各一員。至元二十年置。

貂鼠局，副使二員，直長一員。至元十九年立。

染局，副使一員，直長一員，管勾一員。掌每歲變染皮貨。至元二十年始置。

熟皮局，秩從七品。大使一員，副使一員，典史一人，司吏一人。至元六年置。

中尚監，秩正三品。掌大斡耳朵位下怯憐口諸務，及領資成庫氈作，供內府陳設帳房帟幕車輿雨衣之用。監卿八員，正三品；太監二員，從三品；少監二員，從四品；監丞二員，正五品；經歷、知事、照磨各一員，令史七人，譯史三人，通事二人，知印二人，奏差五人。至元十五年，置尙用監。二十年罷。二十四年，改置中尙監。三十年，分置兩都灤河三庫怯憐口雜造等九司局而總領之。至大元年，陞爲院。四年，復爲監，參用宦者三人。

資成庫，秩從五品。掌造氈貨。提點三員，從五品；大使三員，正六品；副使三員，正七品。至元二年置，隸太府。二十三年，始歸于監。

章佩監，秩正三品。掌宦者速古兒赤所收御服寶帶。監卿五員，正三品；太監四員，從三品；少監二員，從四品；監丞二員，正五品；經歷、知事、照磨各一員，令史七人，譯史二人，通事二人，奏差四人。至元二十二年置。至大元年，陞爲院，秩從二品。四年，復爲監，定置如上。

御帶庫，秩從五品。掌繫腰偏束等帶併條環諸物，供奉御用，以備賜予。提點三員，大使三員，副使二員，品秩同資成。至元二十八年置，俱以中官爲之。元貞二年，增二員，兼署上都之事。

異珍庫，秩從五品。掌御用珍寶、后妃公主首飾寶貝。提點三員，大使三員，副使二員，品秩同上。至元二十八年置。

經正監，秩正三品。掌營盤納鉢及標撥投下草地，有詞訟則治之。太卿一員，正三品；太監二員，從三品；少監二員，從四品；監丞二員，正五品；經歷、知事各一員，令史八人，譯史四人。至大四年置。監卿、太監、少監並以都赤爲之，監丞流官爲之。

都水監，秩從三品。掌治河渠并隄防水利橋梁牐堰之事。都水監二員，從三品；少監一員，正五品；監丞二員，正六品；經歷、知事各一員，令史十人，蒙古必闍赤一人，回回令史一人，通事、知印各一人，奏差十人，壕寨十六人，典吏二人。至元二十八年置。二十九年，領河道提舉司。大德六年，陞正三品。延祐七年，仍從三品。

大都河道提舉司，秩從五品。提舉一員，從五品；同提舉一員，從六品；副提舉一員，從七品。

祕書監，秩正三品。掌歷代圖籍并陰陽禁書。卿四員，正三品；太監二員，從三品；少監二員，從四品；監丞二員，從五品；典簿一員，從七品；令史三人，知印、奏差各二人，譯史、通事各一人，典書二人，典吏一人。屬官：著作郎二員，從六品；著作佐郎二員，正七品；祕書郎二員，正七品；校書郎二員，正八品；辨驗書畫直長一員，正八品。至元九年置。其監丞皆用大臣奏薦，選世家名臣子弟爲之。大德九年，陞正三品，給銀印。延祐元年，定置卿四員，參用宦者二人。

司天監，秩正四品。掌凡曆象之事。提點一員，正四品；司天監三員，正四品；少監五員，正五品；丞四員，正六品；知事一員，令史二人，譯史一人，通事兼知印一人。屬官：提學二員，教授二員，並從九品；學正二員，天文科管勾二員，算曆科管勾二員，三式科管勾二員，測驗科管勾二員，漏刻科管勾二員，並從九品；陰陽管勾一員，押宿官二員，司辰官八員，天文生七十五人。中統元年，因金人舊制，立司天臺，設官屬。至元八年，以上都承應闕官，增置行司天監。十五年，別置太史院，與臺並立，頒曆之政歸院，學校之設隸臺。二十三年，置行監。二十七年，又立行少監。皇慶元年，陞正四品。〔七〕延祐元年，特陞正三品。七年，仍正四品。

回回司天監，秩正四品。掌觀象衍曆。提點一員，司天監三員，少監二員，監丞二員，品秩同上；知事一員，令史二員，通事兼知印一人，奏差一人。屬官：教授一員，天文科管勾一員，筭曆科管勾一員，三式科管勾一員，測驗科管勾一員，漏刻科管勾一員，陰陽人一十八人。世祖在潛邸時，有旨徵回回爲星學者，札馬剌丁等以其藝進，未有官署。至元八年，始置司天臺，秩從五品。十七年，置行監。皇慶元年，改爲監，秩正四品。延祐元年，陞正三品，置司天監。二年，命祕書卿提調監事。四年，復正四品。

上都留守司兼本路都總管府，品秩職掌如大都留守司，而兼治民事。車駕還大都，則領上都諸倉庫之事。留守六員，正二品；同知二員，正三品；副留守二員，正四品；判官二員，正五品；經歷二員，都事四員，照磨兼管勾一員，令史四十四人，譯史六人，回回令史三人，通事、知印各二人，宣使一十二人。國初，置開平府。中統四年，改上都路總管府。至元三年，又給留守司印。十九年，併爲上都留守司兼本路都總管府。其屬附見：

修內司，秩從五品。掌營修內府之事。大使一員，從五品；副使三員，正七品；直長三員，正八品。至元八年置。

祗應司，秩從五品。掌粧鑾油染裱褙之事。大使一員，從五品；副使二員，正七品；直長三員，正八品。

器物局，秩從五品。掌造鐵器，內府營造釘線之事。大使一員，副使一員，直長二員。

儀鸞局，秩正五品。大使二員，副使三員，直長二員。至大四年，罷典設署，改置爲局。

兵馬司，秩正四品。指揮使三員，副指揮使二員，知事一員，提控案牘一員，司吏八人。至元二十九年置。

警巡院，秩正六品。達魯花赤一員，警巡使一員，副使二員，判官二員，司吏八人。

開平縣，秩正六品。達魯花赤一員，尹一員，丞一員，主簿一員，尉一員，典史一員，司吏八人。

平盈庫，大使一員，副使一員。至元三十年置。

萬盈庫，達魯花赤、監支納、大使、副使各一員。中統初置。

廣積倉，達魯花赤、監支納、大使、副使各一員。中統初，置永盈倉。大德間，改爲廣積倉。

萬億庫，秩正五品。達魯花赤一員，提舉一員，同提舉、副提舉各一員，提控案牘一員，司吏六人，譯史一人。至元二十三年置。

行用庫，提點一員，大使一員，副使一員。

稅課提舉司，秩正五品。提舉二員，同提舉、副提舉、提控案牘各一員。元貞元年置。

八作司，品秩職掌，悉與大都左右八作司同。達魯花赤一員，提領、大使、副使各一員。至元十七年置。

餼廩司，掌諸王駙馬使客飲食。大使一員，副使一員。至元二年，置上都應辦所。延祐五年，改爲餼廩司。

尙供總管府，秩正三品。掌守護東涼亭行宮，及游獵供需之事。達魯花赤一員，總管一員，並正三品；同知一員，從四品；副總管一員，從五品；判官一員，正六品；經歷、知事、提控案牘各一員，令史、譯史、知印、奏差有差。至元十三年，置只哈赤八剌哈孫達魯花赤。延祐二年，改總管府。其屬附見：

香河等處巡檢司，巡檢一員，司吏一人。

景運倉，秩從五品。提點一員，從五品；大使一員，正六品；副使一員，正七品。至元二十一年置。

法物庫，秩從九品。大使、副使各一員。至元二十九年置。

雲需總管府，秩正三品。掌守護察罕腦兒行宮，及行營供辦之事。達魯花赤一員，總管一員，並正三品；同知一員，從四品；副總管一員，從五品；判官一員，正六品；經歷一員，知事一員，提控案牘一員。延祐二年置。

大都路都總管府，秩正三品。達魯花赤二員，都總管一員，副達魯花赤二員，同知二員，治中二員，判官二員，推官二員，經歷二員，知事二員，提控案牘四員，照磨兼管勾一員，令史九十有五人，譯史二人，回回令史一人，通事、知印各二人，奏差二十一人。國初，爲燕京路，總管大興府。中統五年，稱中都路。至元九年，改號大都。二十一年，始專置大都路總管府，秩從三品，置都達魯花赤、都總管等官。二十七年，陞爲都總管府，進秩正三品，領府一、州十有一。凡本府官吏，唯達魯花赤一員及總管、推官專治路政，其餘皆分任供需之事，故又號曰供需府焉。其屬附見：

大都路兵馬都指揮使司，凡二，秩正四品。掌京城盜賊姦僞鞫捕之事。都指揮使二員，副指揮使五員，知事一員，提控案牘一員，吏十四人。至元九年，改千戶所爲兵馬司，隸大都路。而刑部尚書一員提調司事，凡刑名則隸宗正，且爲宗正之屬。二十九年，置都指揮使等官，其後因之。一置司於北城，一置司於南城。

司獄司，凡三，秩正八品。司獄一員，獄丞一員，獄典二人。掌囚繫獄具之事。一置於大都路，一置於北城兵馬司，通領南城兵馬司獄事。皇慶元年，以兩司異禁，遂分置一司於南城。

左、右警巡二院，秩正六品。達魯花赤各一員，使各一員，副使、判官各三員，典史各三人，司吏各二十五人。至元六年置。領民事及供需，視大都路。大德五年，分置供需院，以副使、判官、典史各一員主之。

大都警巡院，品職分置如左、右院。達魯花赤一員，使一員，副使二員，判官二員，典史二員，司吏二十人。大德九年置，以治都城之南。

大都路提舉學校所，秩正六品。提舉一員，教授二員，學正二員，學錄一員。至元二十四年，旣立國學，以故孔子廟爲京學，而提舉學事者，仍以國子祭酒繫銜。

管領諸路打捕鷹房總管府，秩正三品。達魯花赤一員，總管一員，副達魯花赤一員，同知一員，副總管一員，經歷、知事各一員。至元十七年置。

宛平縣，秩正六品。達魯花赤一員，尹一員，丞三員，主簿三員，尉一員，典史三員，司吏二十六人。至元十一年置，治大都麗正門以西。

大興縣，秩正六品。達魯花赤一員，尹一員，丞一員，主簿二員，尉一員，典史三員，司吏一十五人。至元十一年置，治大都麗正門以東。

東關廂巡檢司，秩從九品。巡檢三員，司吏一人。掌巡捕盜賊奸宄之事。至元二十一年置。

西北、南關廂兩巡檢司，設置並同上。

校勘記

〔一〕至元五年增副使〔一員〕據經世大典犀象牙局補。新元史已校。

〔二〕祈州安平縣元無「祈州」。按本書卷五八地理志，安平自中統二年卽爲晉州屬縣。此處史文有誤。

〔三〕尚乘寺秩(從)〔正〕三品　據下文及本書泰定帝紀泰定二年九月庚戌條改。

〔四〕怯憐〔口〕　據前後文補。

〔五〕達魯花赤一員同提舉副提舉各一員　按下文長秋寺所屬之另一怯憐口諸色人匠提舉司以及前文長信寺、後文承徽寺所屬之怯憐口諸色人匠提舉司俱設達魯花赤、提舉、同提舉、副提舉各一員，唯此處獨缺提舉一員。新元史增「提舉」，疑是。

〔六〕八年陞正(二)〔三〕品　據本書卷七世祖紀至元八年五月己卯條及卷八四選舉志改。本證已校。

〔七〕皇慶元年陞正四品　本證云：「按紀，皇慶元年陞四品者乃回回司天臺，非司天監也。至大元年陞司天臺秩正四品，疑即此監。」

元史卷九十一

志第四十一上

百官七

行中書省，凡十〔一〕，〔一〕秩從一品。掌國庶務，統郡縣，鎭邊鄙，與都省爲表裏。國初，有征伐之役，分任軍民之事，皆稱行省，未有定制。中統、至元間，始分立行中書省，因事設官，官不必備，皆以省官出領其事。其丞相，皆以宰執行某處省事繫銜。其後嫌於外重，改爲某處行中書省。凡錢糧、兵甲、屯種、漕運、軍國重事，無不領之。至元二十四年，改行尚書省，尋復如舊。至大二年，又改行尚書省，二年復如舊。每省丞相一員，從一品；平章二員，從一品；右丞一員，左丞一員，正二品；參知政事二員，從二品。甘肅、嶺北二省各減一員；郎中二員，從五品；員外郎二員，從六品；都事二員，從七品；掾史、蒙古必闍赤、回回令史、通事、知印、宣使，各省設員有差。舊制參政之下，有僉省、有同僉之屬，後罷不置。丞相或置或不置，尤愼於擇人，故往往缺焉。

河南江北等處行中書省。至元五年，罷隨路奧魯官，詔參政阿里僉行省事，于河南等路立省。二十八年，以河南、江北係要衝之地，又新入版圖，宜於汴梁立省以控治之，遂署其地，統有河南十二路、七府。

江浙等處行中書省。至元十三年，初置江淮行省，治揚州。二十一年，以地理民事非便，遷于杭州。二十二年，割江北諸郡隸河南，改曰江浙行省，統有三十路、一府。

江西等處行中書省，至元十四年置。十五年，併入福建行省。十七年，仍置省于龍興府，而福建自爲行省，治泉州。二十二年，以福建行省併入江西。二十三年，又以福建省併入江浙。本省統有十八路。

湖廣等處行中書省。至元十一年，右丞相伯顏伐宋，行中書省事于襄陽，尋以別將分省鄂州，爲荆湖等路行中書省。十三年，取潭州，卽署省治之。十八年，復徙置鄂州，統有三十路、三府。

陝西等處行中書省。中統元年，以商挺領秦蜀五路四川行省事。三年，改立陝西四川行中書省，治京兆。至元三年，移治利州。十七年，復還京兆。十八年，分省四川，尋改立四川宣慰司。二十一年，仍合爲陝西四川行省。二十三年，四川立行樞密院。〔三〕本省所轄之地，惟陝西四路、五府。

四川等處行中書省。國初，其地總于陝西。至元十八年，以陝西行中書分省四川。二十三年，始置四川行省，署成都，統有九路、五府。

遼陽等處行中書省，至元二十四年置，治遼陽路，統有七路、一府。

甘肅等處行中書省。中統二年，立行省于中興。〔至元〕十年，罷之。〔三〕十八年復立，二十二年復罷，改立宣慰司。二十三年，徙置中興省于甘州，立甘肅行省。三十一年，分省按治寧夏，尋併歸之。本省治甘州路，統有七路、二州。

嶺北等處行中書省。國初，太祖定都于哈剌和林河之西，因名其城曰和林，立元昌路。中統元年，世祖遷都中興，始置宣慰司都元帥府。大德十一年，改立和林等處行中書省，右丞相、左丞相各一員。至大四年，省右丞相。皇慶元年，改嶺北等處行中書省，設官如上，治和寧路，統有北邊等處。

雲南等處行中書省，卽古南詔之地。初，世祖征取以爲郡縣，嘗封建宗王鎭撫其軍民。至元十一年，始置行省，治中慶路，統有三十七路、五府。

征東等處行中書省。至元二十年，以征日本國，命高麗王置省，典軍興之務，師還而罷。大德三年，復立行省，以中國之法治之。既而王言其非便，詔罷行省，從其國俗。至治元年復置，以高麗王兼領丞相，得自奏選屬官，治瀋陽，統有二府、一司、五道。

各省屬官：

檢校所，檢校一員，從七品；書吏二人。

照磨所，照磨一員，正八品。

架閣庫，管勾一員，正八品。

理問所，理問二員，正四品；副理問二員，從五品；知事一員，提控案牘一員。

都鎮撫司，都鎮撫一員，副都鎮撫一員。

宣慰司，掌軍民之務，分道以總郡縣，行省有政令則布于下，郡縣有請則爲達于省。有邊陲軍旅之事，則兼都元帥府，其次則止爲元帥府。其在遠服，又有招討、安撫、宣撫等使，品秩員數，各有差等。

宣慰使司，秩從二品。每司宣慰使三員，從二品；同知一員，從三品；副使一員，正四品；經歷一員，從六品；都事一員，從七品；照磨兼架閣管勾一員，正九品。凡六道：山東東西道，益都路置。河東山西道，大同路置。淮東道，揚州置。浙東道，慶元路〔置〕。〔四〕荊湖北道，中興路置。湖南道。天臨〔路〕置。〔五〕

宣慰使司都元帥府，秩從二品。使三員，同知二員，副使二員，經歷二員，知事二員，照磨兼架閣管勾一員。

廣東道，廣州置。大理金齒等處，蒙慶等處。

右二府，設官如上。唯蒙慶一府，使二員，同知、副使各一員，經歷、都事亦減一員。

廣西兩江道，靜江路置。海北海南道，福建道，八番順元等處，察罕腦兒等。

右五府，宣慰使都元帥三員，副都元帥、僉都元帥事各二員，餘同上。

宣慰使兼管軍萬戶府，每府宣慰使三員，同知、副使各一員，經歷一員，都事二員，照磨兼管勾一員。

曲靖等路，羅羅斯，臨安廣西道元江等處。

都元帥府，都元帥二員，副元帥二員，〔六〕經歷、知事各一員。

北庭，隸土番宣慰司。曲先塔林，都元帥三員。蒙古軍，征東。二府，都元帥各一員，副一員。

元帥府，秩正三品。達魯花赤一員，元帥一員，經歷、知事各一員。

李店文州，帖城河里洋脫，朵甘思，（當）〔常〕陽，〔七〕岷州，積石州，洮州路，脫思馬路，十八族。

右九府，唯李店文州增置同知、副元帥各一員；其餘八府，隸土蕃宣慰司，設官並同。

宣撫司，秩正三品。每司達魯花赤一員，宣撫一員，同知、副使各二員，僉事一員，計議、經歷、知事各一員，提控案牘架閣一員。損益不同者，各附見于後。

廣南西道，不置副使、僉事。麗江路，以上隸雲南省。順元等處，播州，思州，以上隸湖廣省。敍南等處。隸四川行省，不置僉事、計議。

安撫司，秩正三品。每司達魯花赤一員，安撫使一員，同知、副使、僉事各一員，經歷、知事各一員。損益不同者，各附見于後。

師壁洞，不置達魯花赤。永順等處，散毛洞，以上隸四川省。羅番遏蠻軍，不置達魯花赤。程番武盛軍，金石番太平軍，臥龍番南寧州，小龍番靜蠻軍，不置同知、副使。大龍番應天府，洪番永盛軍，方番河中府，盧番靜海軍，不置知事。新添葛蠻。以上隸湖廣省。

招討司，秩正三品。達魯花赤一員，招討使一員，經歷一員。

土番，刺馬剛等處，天全，㑘不思，沿邊溪洞，以下各置副使一員，無達魯花赤。唆尼，諸番，征沔，長河西裏管軍，檐裏管軍，脫思馬田地。

諸路萬戶府：

上萬戶府，管軍七千之上。達魯花赤一員，萬戶一員，俱正三品，虎符；副萬戶一員，從三品，虎符。

中萬戶府，管軍五千之上。達魯花赤一員，萬戶一員，俱從三品，虎符；副萬戶一員，正四品，金牌。

下萬戶府，管軍三千之上。達魯花赤一員，萬戶一員，俱從三品，虎符；副萬戶一員，從四品，金牌。其官皆世襲，有功則陞之。每府設經歷一員，從七品；知事一員，從八品；提控案牘一員。

鎮撫司，鎮撫二員，蒙古、漢人參用。上萬戶府正五品，中萬戶府從五品，俱金牌；下萬戶府正六品，銀牌。

上千戶所，管軍七百之上。達魯花赤一員，千戶一員，俱從四品，金牌；副千戶一員，正五品，金牌。

中千戶所，管軍五百之上。達魯花赤一員，千戶一員，俱正五品，金牌；副千戶一員，從五品，金牌。

下千戶所，管軍三百之上。達魯花赤一員，千戶一員，俱從五品，金牌；副千戶一員，正六品，銀牌。

彈壓二員，蒙古、漢人參用。上千戶所從八品，中下二所正九從九品內銓注。

上百戶所，百戶二員，蒙古一員，漢人一員，俱從六品，銀牌。

下百戶所，百戶一員，從七品，銀牌。

儒學提舉司，秩從五品。各處行省所署之地，皆置一司，統諸路、府、州、縣學校祭祀教養錢糧之事，及考校呈進著述文字。每司提舉一員，從五品；副提舉一員，從七品；吏目一人，司吏二人。

蒙古提舉學校官，秩從五品。提舉一員，從五品；同提舉一員，從七品。至元十八年置。惟江浙、湖廣、江西三省有之，餘省不置。

官醫提舉司，秩從六品。提舉一員，同提舉一員，副提舉一員。掌醫戶差役詞訟。至元二十五年置。河南、江浙、江西、湖廣、陝西五省各立一司，餘省並無。

兩淮都轉運鹽使司，秩正三品。國初，兩淮內附，以提舉馬里范章專掌鹽課之事。至元十四年，始置司于揚州。使二員，正三品；同知二員，正四品；副使一員，正五品；運判二員，正六品；經歷一員，從七品；知事一員，從八品；照磨一員，從九品。三十年，悉罷所轄鹽司，以其屬置場官。大德四年，復置批驗所于眞州、采石等處。

鹽場二十九所，每場司令一員，從七品；司丞一員，從八品；管勾一員，從九品。辦鹽各有差。

呂四場，餘東場，餘中場，餘西場，西亭場，金沙場，石港場，掘港場，豐利場，馬塘場，拼茶場，角斜場，富安場，安豐場，梁垛場，東臺場，河垛場，丁(奚)〔溪〕場，〔八〕小海場，草堰場，白駒場，劉莊場，五祐場，新興場，廟灣場，莞瀆場，板浦場，臨洪場，徐瀆浦場。

批驗所，每所提領一員，正七品；大使一員，正八品；副使一員，正九品。掌批驗鹽引。

兩浙都轉運鹽使司，秩正三品。使二員，同知二員，運判二員，經歷、知事各一員，照磨一員。至元十四年，置司杭州。大德三年，定其產鹽之地，立場有差，仍於杭州、嘉興、紹興、溫台等處，設檢校四所，專驗鹽袋，毋過常度。

鹽場三十四所，每所司令一員，從七品；司丞一員，從八品；管勾一員，從九品。

仁和場，許村場，西路場，下沙場，青村場，表部場，浦東場，橫浦場，蘆瀝場，海沙場，鮑郎場，西興場，錢淸場，三江場，曹娥場，石堰場，鳴鶴場，淸泉場，長山場，穿山場，(袋)〔岱〕山場，〔九〕玉泉場，蘆花場，大嵩場，昌國場，永嘉場，雙穗場，天富南監，長林場，黃巖場，杜瀆場，天富北監，長亭場，龍頭場。

福建等處都轉運鹽使司，秩正三品。使二員，同知二員，運判二員，經歷、知事各一員，照磨一員。至元十四年，始置市舶司，領煎鹽徵課之事。二十四年，改立鹽運司。二十九年罷，立提舉司。大德四年，復爲運司。九年復罷，併入元帥府兼掌之。十年，復立都提舉司。至大四年，復陞運司，徑隸行省。凡置鹽場七所：

鹽場七所，每所司令一員，從七品；司丞一員，從八品；管勾一員，從九品。

海口場，牛田場，上里場，惠安場，潯美場，浯(州)〔洲〕場，〔一〇〕汭(州)〔洲〕場。〔一一〕

廣東鹽課提舉司。至元十三年，始從廣州煎辦鹽課。十六年，隸江西鹽鐵茶都轉運司。二十二年，併入宣慰司。二十三年，置市舶提舉司。大德四年，改廣東鹽課提舉司。提舉一員，從五品；同提舉一員，從六品；副提舉一員，從七品。其屬附見：

鹽場十三所，每所司令一員，從七品；司丞一員，從八品；管勾一員，從九品。

靖康場，歸德場，東莞場，黃田場，香山場，矬峒場，雙恩場，鹹水場，(漆)〔淡〕水場，〔一二〕石橋場，隆井場，招收場，小江場。

四川茶鹽轉運司。成都鹽井九十五處，散在諸郡山中。至元二年，置興元四川轉運司，專掌煎熬辦課之事。八年罷之。十六年，復立轉運司。十八年，併入四道宣慰司。十九年，復立陝西四川轉運司，通轄諸課程事。二十二年，置四川茶鹽運司，秩從三品。使一員，同知、副使、運判各一員，經歷、知事、照磨各一員。

鹽場一十二所，每所司令一員，從七品；司丞一員，從八品；管勾一員，從九品。

簡鹽場、隆鹽場、綿鹽場、潼川場、遂實場、順慶場、保寧場、嘉定場、長寧場、紹慶場、雲安場、大寧場。

廣海鹽課提舉司，至元三十一年置。專職鹽課。秩正四品。都提舉二員，從四品；同提舉二員，從五品；副提舉二員，從六品；知事一員，提控案牘一員。

市舶提舉司。至元二十三年，立鹽課市舶提舉司，隸廣東宣慰司。三十年，立海南博易提舉司。至大四年罷之，禁下番船隻。延祐元年，弛其禁，改立泉州、廣東、慶元三市舶提舉司。每司提舉二員，從五品；同提舉二員，從六品；副提舉二員，從七品；知事一員。

海道運糧萬戶府，至元二十年置。秩正三品。掌每歲海道運糧供給大都。達魯花赤一員，萬戶一員，並正三品；副萬戶四員，從三品；經歷一員，從七品；知事一員，從八品；照磨一員，從九品；鎮撫二員，正五品。其屬附見：

海運千戶所，秩正五品。達魯花赤一員，千戶二員，並正五品；副千戶三員，從五品。若溫台，若慶元紹興，若杭州嘉興，若崑山崇明、常熟江陰等處，凡五所，而平江又有海運香莎糯米千戶所。

諸路總管府，至元初置。二十年，定十萬戶之上者爲上路，十萬戶之下者爲下路。當衝要者，雖不及十萬戶亦爲上路。上路秩正三品。達魯花赤一員，總管一員，並正三品，兼管勸農事，江北則兼諸軍奧魯。同知、治中、判官各一員。下路秩從三品，不置治中員，而同知如治中之秩，餘悉同上。至元二十三年，置推官二員，專治刑獄，下路一員。經歷一員，知事一員或二員，照磨兼承發架閣一員，司吏無定制，隨事繁簡以爲多寡之額；譯史、通事各一人。其屬附見：

儒學敎授一員，秩九品。〔三〕諸路各設一員，及學正一員、學錄一員。其散府、上中州，亦設敎授一員，下州設學正一員。

蒙古敎授一員，正九品。

醫學敎授一員。

陰陽敎授一員。

司獄司，司獄一員，丞一員。

平準行用庫，提領、大使、副使各一員。

織染局，局使一員，副使一員。

雜造局，大使一員，副使一員。

府倉，大使一員，副使一員。

惠民藥局，提領一員。

稅務，提領一員，大使、副使各一員。

錄事司，秩正八品。凡路府所治，置一司，以掌城中戶民之事。中統二年，詔驗民戶，定爲員數。二千戶以上，設錄事、司候、判官各一員；二千戶以下，省判官不置。至元二十年，置達魯花赤一員，省司候，以判官兼捕盜之事，典史一員。若城市民少，則不置司，歸之倚郭縣。在兩京，則爲警巡院。獨杭州置四司，後省爲左、右兩司。

散府，秩正四品。達魯花赤一員，知府或府尹一員。領勸農奧魯與路同。同知一員，判官一員，推官一員，知事一員，提控案牘一員。所在有隸諸路及宣慰司、行省者，有直隸省部者，有統州縣者，有不統縣者，其制各有差等。

諸州。中統五年，併立州縣，未有等差。至元三年，定一萬五千戶之上者爲上州，六千戶之上者爲中州，六千戶之下者爲下州。江南既平，二十年，又定其地五萬戶之上者爲上州，三萬戶之上者爲中州，不及三萬戶者爲下州。於是陞縣爲州者四十有四。縣戶雖多，附路府者不改。上州：達魯花赤、州尹秩從四品，同知秩正六品，判官秩正七品。中州：達魯花赤、知州並正五品，同知從六品，判官從七品。下州：達魯花赤、知州並從五品，同知正七品，判官正八品，兼捕盜之事。參佐官：上州，知事、提控案牘各一員；中州，吏目、提控案牘各一員；下州，吏目一員或二員。

諸縣。至元三年，合併江北州縣。六千戶之上者爲上縣，二千戶之上者爲中縣，不及二千戶者爲下縣。二十年，又定江淮以南，三萬戶之上者爲上縣，一萬戶之上者爲中縣，一萬戶之下者爲下縣。上縣，秩從六品。達魯花赤一員，尹一員，丞一員，簿一員，尉一員，典史二員。中縣，秩正七品。不置丞，餘悉如上縣之制。下縣，秩從七品。置官如中縣，民少事簡之地，則以簿兼尉。後又別置尉，尉主捕盜之事，別有印。典史一員。巡檢司，秩九品。巡檢一員。

諸軍，唯邊遠之地有之，各統屬縣，其秩如下州，其設官置吏亦如之。

諸蠻夷長官司。西南夷諸溪洞各置長官司，秩如下州。達魯花赤、長官、副長官，參用其土人爲之。

各處脫脫禾孫，掌辨使臣奸僞。正一員，從五品；副一員，正七品。

勳一十階：

上柱國，正一品。　柱國，從一品。　上護軍，正二品。

護軍，從二品。　上輕車都尉，正三品。　輕車都尉，從三品。

上騎都尉，正四品。　騎都尉，從四品。　驍騎尉，正五品。

飛騎尉。從五品。

爵八等：

王，正一品。　郡王，從一品。　國公，正二品。

郡公，從二品。　郡侯，正三品。　郡侯，從三品。

郡伯，正四品。　郡伯，從四品。　縣子，正五品。

縣男。從五品。

右勳爵，若上柱國、郡王、國公，時有除拜者，餘則止於封贈用之。

文散官四十二：

開府儀同三司，　儀同三司，

特進，　崇進，

金紫光祿大夫，　銀青榮祿大夫，以上俱正一品。

光祿大夫，　榮祿大夫，以上從一品。

資德大夫，資政大夫，

資善大夫，以上正二品。正奉大夫，

通奉大夫，中奉大夫，以上從二品。

正議大夫，通議大夫，

嘉議大夫，以上正三品。太中大夫，

中大夫，亞中大夫，以上從三品，舊爲少中，延祐改亞中。

中議大夫，中憲大夫，

中順大夫，以上正四品。朝請大夫，

朝散大夫，朝列大夫，以上從四品。

奉政大夫，奉議大夫，以上正五品。

奉直大夫，奉訓大夫，以上從五品。

承德郎，承直郎，以上正六品。

儒林郎，承務郎，以上從六品。

文林郎，承事郎，以上正七品。

徵事郎，從事郎，以上從七品。

登仕郎，將仕郎，以上正八品。

登仕佐郎，將仕佐郎。以上從八品。

右文散官四十二階，由一品至五品爲宣授，六品至九品爲敕授。敕授則中書署牒，宣授則以制命之。一品至五品者服紫，六品至七品者服緋，八品至九品者服綠，武官以下皆如之。其官常對品，惟九品無散官，則但舉其職而已，武官雜職亦如之。

武散官三十四階：

龍虎衞上將軍，金吾衞上將軍，

驃騎衞上將軍，以上正二品。奉國上將軍，

輔國上將軍，鎭國上將軍，以上從二品。

昭武大將軍，昭勇大將軍，

昭毅大將軍，以上正三品。安遠大將軍，

定遠大將軍，懷遠大將軍，以上從三品。

廣威將軍，宣威將軍，

明威將軍，以上正四品。信武將軍，

顯武將軍，宣武將軍，以上從四品。

武節將軍，武德將軍，以上正五品。

武義將軍，武略將軍，以上從五品。

承信校尉，昭信校尉，以上正六品。

忠武校尉，忠顯校尉，以上從六品。

忠勇校尉，忠翊校尉，以上正七品。

修武校尉，敦武校尉，以上從七品。

保義校尉，進義校尉，以上正八品。

保義副尉，進義副尉。以上從八品。

右武散官三十四階，自龍虎衛上將軍至進義副尉，由正二品至從八品，其除授具前。

內侍散官一十四：

中散大夫，正二品。中引大夫，從二品。

中御大夫，正三品。侍中大夫，〔一四〕從三品。

中衛大夫，正四品。中涓大夫，從四品。

通侍郎，正五品。通御郎，從五品。

侍直郎，正六品。內直郎，從六品。

司謁郎，正七品。司閽郎，從七品。

司奉郎，正八品。司引郎。從八品。

右內侍品秩一十四階，自中散至司引，由正二品至從八品，其除授具前。

司天散官一十四：

欽象大夫，從三品。明時大夫，

頒朔大夫，以上正四品。保章大夫，從四品。

司玄大夫，正五品。授時郎，從五品。

靈臺郎，正六品。候儀郎，從六品。

司正郎，正七品。平秩郎，從七品。

正紀郎，挈壺郎，以上正八品。

司曆郎，司辰郎。以上從八品。

右司天品秩一十四階，自欽象至司辰，由從三品至從八品，其除授具前。

太醫散官一十五：

保宜大夫，保康大夫，以上從三品。

保安大夫，保和大夫，以上正四品。

保順大夫，從四品。　保沖大夫，正五品。

保全郎，從五品。　成安郎，正六品。

成和郎，從六品。　成全郎，正七品。

醫正郎，從七品。　醫效郎，

醫候郎，以上正八品。　醫痊郎，

醫愈郎。以上從八品。

右太醫品秩一十五階，自保宜至醫愈，亦由從三品至從八品，其除授具前。

教坊司散官十五：

雲韶大夫，　僊韶大夫，以上從三品。

長寧大夫，　德和大夫，以上正四品。

協律大夫，從四品。　嘉成大夫，正五品。

純和郎，從五品。　調音郎，正六品。

司樂郎，從六品。　協樂郎，正七品。

和樂郎，從七品。　司音郎，

司律郎，以上正八品。　和聲郎，

和節郎。以上從八品。

右教坊品秩一十五階，自雲韶至和節，由從三品至從八品，其除授具前。

校勘記

〔一〕行中書省凡十〔一〕　據下文省數及本書卷五八地理志補。

〔二〕二十三年四川立行樞密院　考異云：「據下文，當云行中書省。」

〔三〕〔至元〕十年罷之　據本書卷八世祖紀至元十年三月癸酉條補。本證已校。

〔四〕慶元路〔置〕　從北監本補。

〔五〕天臨〔路〕置　原空闕。據本書卷六三地理志補。

〔六〕都元帥府都元帥二員副元帥二員　按都元帥府應置都元帥、副都元帥。本書卷五世祖紀中統三年十月丙寅條見都元帥府、副都元帥。疑此處「副」下脫「都」。

〔七〕(當)〔常〕陽　據本書卷八七百官志改。明太祖實錄卷六〇洪武四年正月辛卯條作「常陽」。

〔八〕丁(奚)〔溪〕場　據本書卷一九一許維禎傳及元典章卷九場務官改。

〔九〕(袋)〔岱〕山場　據元典章卷九場務官改。按岱山在浙江定海縣北，爲舟山羣島之一，其上有鹽場。

〔一〇〕浯（州）〔洲〕場　元無「浯州」。按此「浯州」實指「浯洲嶼」，即福建金門島，今金門縣。其上舊有鹽場。「州」當作「洲」，今改。

〔一一〕汭（州）〔洲〕場　元無「汭州」。按此「汭州」實指「汭洲嶼」，在今福建同安縣南四十里。其上舊有鹽場。「州」當作「洲」，今改。

〔一二〕（漆）〔淡〕水場　據元典章卷九場務官改。

〔一三〕儒學教授一員秩九品　按元典章卷九諸教官遷轉例，儒學教授「府、州一任准正九，再歷路教授一任准從八」。事林廣記別集卷二官制類有「各路教授正九品」。新元史「秩」下補「正」，疑是。

〔一四〕侍中大夫　按元典章卷七資品、事林廣記別集卷一官制類、南村輟耕錄卷七官制資品，「侍中」均作「中儀」。疑「侍中」爲「中儀」之誤。

元史卷九十二

志第四十一下

百官八

元之官制，其大要具見于前。自元統、至元以來，頗有沿革增損之異。至正兵興，四郊多壘，中書、樞密，俱有分省、分院；而行中書省、行樞密院增置之外，亦有分省、分院。自省院以及郡縣，又各有添設之員。而各處總兵官以便宜行事者，承制擬授，具姓名以軍功奏聞，則宣命敕牒隨所索而給之，無有考覈其實者。於是名爵日濫，紀綱日紊，疆宇日蹙，而遂至于亡矣。惜其掌故之文，缺軼不完，今據有司所送上者，緝而載之，以附前志，庶覽者得以參考其得失治亂之概云。

中書省。元統三年七月，中書省奏請自今不置左丞相。十月，命伯顏獨長台司，詔天下。至元五年十月，加右丞相伯顏爲大丞相。六年十月，命脫脫爲右丞相，復置左丞相。

至正七年，置議事平章四人。十二年二月，以賈魯爲添設左丞。三月，以悟良哈台爲添設參知政事。〔一〕七月，又以杜秉彝爲添設參政。八月，以哈麻爲添設右丞。十三年六月，命皇太子領中書令，如舊制。十四年九月，以呂思誠爲添設左丞。二十七年八月，以樞密知院蠻子爲添設第三平章，以太尉帖里帖木兒爲添設左丞相。

中書分省。至正十一年，置中書分省于濟寧，以松壽爲參知政事。十二年二月，中書右丞玉樞虎兒吐華、左丞韓大雅開分省于彰德。十四年，升濟寧分省參政帖里帖木兒爲平章政事，是後嘗置右丞以守禦焉。十五年四月，彰德分省除右丞、左丞各一員。十七年七月，以平章答蘭，參政俺普、崔敬分省陵州。十一月，平章臧卜分省冀寧。十八年三月，掃地王、沙劉陷冀寧，〔二〕臧卜遁。五月，王、劉北行，總兵官察罕帖木兒遣瑣住院判來冀寧鎮守，臧卜復回。十九年，臧卜卒。二十年正月，以右丞不花、參政王時分省冀寧。三月，鐵甲韓至，分省官皆遁。二十一年，以平章答蘭鎮守。二十二年，答蘭還京師，以左丞剌馬乞剌、參政脫禾兒領分省事。二十三年三月，又以平章愛不花鎮之。八月，擴廓帖木兒兵至，冀寧分省遂罷。二十七年八月，以添設平章蠻子兼知院，分省保定。九月，命太保、(左)〔右〕丞相也速統領軍馬，〔三〕分省山東；沙藍答里仍中書左丞相、知樞密院，分省大同。以哈剌那海爲大同分省平章，阿剌不花爲參知政事。又置分省于冀寧，陞冀寧總管爲參政，鑄印與之，凡事必咨大同分省而後行之。十月，又置分省于真定。

六部。至元三年十二月，伯顏太師等奏准，吏部考功郎中、員外郎、主事各設一員。至正元年四月，吏部置司績一員，正七品，掌百官行止，以憑敘用廕襲。六月，中書奏准，戶部事繁，見設司計四員，宜依前至元二十八年例，添設二員。十一月，吏、禮、兵、刑分爲二庫，戶、工二部分二庫，各設管勾一員。十二年正月，刑部添設尚書、侍郎、郎中、員外郎各一員。十五年十月，濟寧分省置兵、刑、工、戶四部。

樞密院。至正七年，知樞密院阿吉剌奏：「樞密院故事，亦設議事平章二人。」有旨令復置。十三年六月，令皇太子領樞密使，如舊制。十五年四月，添設僉院一員、院判二員。

樞密分院。至正十五年三月，置樞密分院于衞輝。四月，彰德分院添設同知、副樞各一員，都事一員。直沽分院添設副樞一員、都事一員。十六年，又置分樞密院于沂州，以指揮使司隸焉。

大宗正府。至元元年閏十二月，中書省奏准，世祖時立大宗正府，至仁宗時減去大字，今宜遵世祖舊制，仍爲大宗正府。至正十年十二月，大宗正府添設掌判二員。

宣文閣。至元六年十一月，罷奎章閣學士院。至正元年九月，立宣文閣，不置學士，唯授經郎及監書博士以宣文閣繫銜云。

崇文監。至元六年十二月，改藝文監爲崇文監。至正元年三月，奉旨，令翰林國史院領之。

詳定使司。至正十七年七月，置四方獻言詳定使司，正三品，掌考其所陳之言，擇其善者以聞于上，而舉行之。詳定使二員，正三品；副使二員，正四品；掌書記二員，正七品。中書官提調之。

司禋監。至正元年十二月，奉旨，依世祖故事，復立司禋監，給四品印，掌師翁祭祀祈禳之事。置內監、少監、監丞各二員，知事一員，譯史、令史、奏差各二名。自後復升爲三品。

延徽寺。至元六年二月，中書省奉旨，依累朝故事，起蓋懿璘質班皇帝斡耳朵，置延徽寺以掌之。

規運提點所。至元六年十一月，罷太禧宗禋院隆祥使司。十二月，中書奏以宗禋院所轄會福、崇(福)〔祥〕、隆禧、壽福四總管府，〔四〕并隆祥使司，俱改爲規運提點所，正五品，仍添置萬寧提點所一處，並隸宣政院。

諸路寶泉都提舉司，至正十年十月置。其屬有鼓鑄局，正七品；永利庫，從七品。掌鼓鑄至正銅錢，印造交鈔。

徽政院。元統元年十二月，依太皇太后故事，爲皇太后置徽政院，設立官屬三百六十有六員。

資正院。至元六年十二月，中書省奉旨爲完者忽都皇后置資正院，正二品。院使六員，同知、僉院、同僉、院判各二員。首領官：經歷、都事各二員，管勾、照磨各一員。將昭功萬戶府司屬，除已罷繕工司外，集慶路錢糧幷入，有司每年驗數，撥付資正院。其餘司屬，並付資正院領之。自後正宮皇后崩，册立完者忽都爲皇后，改置崇政院。

東宫官屬。至正六年四月，立皇太子宫傅府，以長吉等爲宫傅官，時太子猶未受册寶。至九年冬，立端本堂爲皇太子學宫。置諭德一員，正二品；贊善二員，正三品；文學二員，正五品；正字二員，正七品；司經二員，正七品。十三年六月，册立皇太子，定置皇太子賓客二員，正二品；左、右諭德各一員，從二品；左、右贊善各一員，從三品；文學二員，從五品；中庶子、中允各一員，從六品。

詹事院。至正十三年六月，立詹事院，罷宫傅府。置詹事三員，從一品；同知詹事二員，正二品；副詹事二員，從二品；詹事丞二員，正三品；首領官四員，中議二員，從五品；長史二員，從六品；管勾、照磨各一員，正八品；蒙古必闍赤六人，回回掾史二人，掾史十人，知印二人，怯里馬赤二人，宣使十人。其屬有家令司，家令二員，正三品，二員，正四品；家丞二員，正五品；典簿二員，從七品；照磨一員，正九品。有府正司，府正二員，正三品；府丞二員，正五品；典簿二員，從七品；照磨一員，正九品。有典寶監，典寶卿二員，正三品；太監二員，從三品；少監二員，從四品；監丞二員，正五品；經歷一員，從七品；知事一員，從八品；照磨一員，正九品。有儀衞司，指揮二員，從四品；副二員，從五品；知事一員，從八品。十一月，置典藏庫，從五品，掌收皇太子錢帛。十七年十月，置分詹事院。詹事一員，同知、副使各一員，詹事丞二員，經歷一員，都事二員，照磨兼架閣一員，斷事官二員，知事一員。

大撫軍院。〔至正〕二十七年八月乙巳，命皇太子總天下軍馬。〔五〕九月，皇太子置大撫軍院，從一品。知院四員，同知二員，副使一員，同僉一員。首領官：經歷、都事各二員，照磨兼管勾一員。二十八年閏七月，詔罷之。

大都分府。至正十八年三月，東安、漷州、柳林日有警報，京師備禦四隅，俱立大都分府。其官吏數，視都府減半。

警巡院。至正十一年七月，陞左、右兩巡院爲正五品。十八年，又於大都在城四隅，各立警巡分院，官吏視本院減半。

行中書省。至正十二年正月，江西、江浙行省皆除添設平章，陝西行省除添設右丞。閏三月，置淮南江北等處行中書省于揚州，以淮西宣慰司、兩淮鹽運司、揚州、淮安、徐州、唐州、安豐、蘄、黃皆隸焉。〔六〕除平章二員，右丞、左丞各一員，參政二員，及首領官、屬官共二十五員。爲頭平章，兼提調(淮)〔鎭〕南王傅府事。〔七〕至十一月，始鑄淮南江北等處行中書省印給之。是年，江浙行省添設右丞、參政，四川行省添設參政。十六年五月，置福建等處行中書省于福州，鑄印設官，一如各處行省之制。以江浙行中書省平章左答納失里、南臺中丞阿魯溫沙爲福建行中書省平章政事，福建閩海道廉訪使莊嘉爲右丞，福建元帥吳鐸爲左丞，司農丞訥都赤、益都路總管卓思誠爲參政。以九月至福州，罷帥府，開省署。十七年九月，置山東行省，以大司農哈剌章爲平章政事，鑄印與之。十八年，福建行省右丞朶歹分省建寧，參政訥都赤分省泉州。二十三年三月，置廣西行中書省，以廉訪使也兒吉尼爲平章政事。又置膠東行省于萊陽，總制東方事。二十六年八月，置福建江西等處行中書省。

行樞密院。至元三年，伯顏右丞相奏准，於四川及湖廣、江西之境，及江浙，凡三處，各置行樞密院，以鎭遏好亂之民。每處設知院一員，同知、僉院、院判各一員。湖廣、江西二省所轄地里險遠，添設同僉一員。各院經歷一員，都事二員，照磨一員，客省副使一員，斷事官二員，蒙古必闍赤二人，掾史六人，宣使六人，知印、怯里馬赤各一人，斷事官譯史一人，令史二人，怯里馬赤、知印各一人，奏差二人。至四年二月，遂罷之。至正十三年五月，嶺北行樞密院添設斷事官二員，先已設四員，共六員。又立鎭撫司，除鎭撫二員。立管勾所，置管勾一員，兼照磨。後又添設僉院二員、都事一員。十五年十月，置淮南江北等處行樞密院于揚州。十二月，河南行樞密院添設院判一員。十六年三月，置江浙行樞密院于杭州。知院二員，同知二員，副樞二員，僉院二員，同僉二員，院判二員。首領官：經歷、知事各一員，斷事官二員，經歷一員。〔八〕十八年，以參政崔敬爲山東等處行樞密院副使，分院於瀰州，兼領屯田事。十九年八月，以察罕帖木兒爲河南行省平章政事，兼河南山東等處行樞密院知院。二十六年八月，置福建江西等處行樞密院。

行御史臺。至正十六年九月二十八日，命太尉納麟爲江南諸道行御史臺御史大夫，以次官員，各依等第選用。是日，御史臺奉旨，移置行臺于紹興。十二月，合臺官屬，開臺署事。是年，置河南廉訪司于沂州。十八年，御史臺奏淮，江西湖東道肅政廉訪司，權於建寧路開司署事。二十二年九月，權置山北廉訪司于惠州。二十三年六月，濟南路復置肅政廉訪司。二十五年閏十月，御史大夫完者帖木兒奏：「江南諸道行御史臺衙門，嘗奉旨於紹興路開設，近因道梗，湖南、湖北、廣東、廣西、海北、江西、福建等處，凡有文書，北至南臺，風信不便，徑申內臺，未委事情虛實。宜於福建置分臺，給降印信，俾湖南、湖北、廣東、廣西、海北、江西、福建各道文書，由分臺以達內臺，於事體爲便。」有旨從之。十一月，仍置河東廉訪司于冀寧。

行宣政院。元統二年正月，革罷廣教總管府一十六處，置行宣政院于杭州。除院使二員，同知二員，副使二員，同僉、院判各一員。首領官：經歷二員，都事、知事、照磨各一員，令史八人，譯史二人，宣使八人。至元二年五月，西番寇起，置行宣政院，以也先帖木兒爲院使往討之。至正二年，江浙行宣政院設崇教所，擬行中書省理問官，秩四品，〔九〕以理僧民之事。

河南山東都水監。至正六年五月，以連年河決爲患，置都水監，以專疏塞之任。

行都水監。至正八年二月，河水爲患，詔於濟寧鄆城立行都水監。九年，又立山東河南等處行都水監。十一年十二月，立河防提舉司，隸行都水監，掌巡視河道，從五品。十二年正月，行都水監添設判官二員。十六年正月，又添設少監、監丞、知事各一員。

都水庸田使司。至元二年正月，置都水庸田使司于平江，既而罷之。至五年，復立。至正十二年，因海運不通，京師闕食，詔河南窪下水泊之地，置屯田八處，於汴梁添立都水庸田使司，正三品，掌種植稻田之事。庸田使二員，副使二員，僉事二員。首領官：經歷、知事、照磨各一員，司吏十二人，譯史二人。

都總制庸田使司。至正十年，置河南江北等處都總制庸田使司。定置都總制庸田使二員，從二品；副使二員，從三品；僉司六員，從四品。首領官：經歷二員，從六品；都事二員，從七品；照磨兼管勾承發架閣一員，從八品；蒙古必闍赤、回回令史、怯里馬赤、知印各一人，令史十八人，宣使十八人，壕寨十八人，典吏四人。其屬官，則有軍民屯田總管府，凡五處，置達魯花赤各一員，從三品；總管各一員，正五品；同知各一員，正六品；府判各一員，從七品。首領官：經歷各一員，從八品；知事各一員，從九品；提控案牘兼管勾承發架閣各一員，蒙古譯史各一人，司吏各六人，典吏各二人。又有農政司，置農政一員，正五品；農丞一員，正六品；提控一員，司吏二人。又有豐盈庫，置提領一員，正八品；大使、副使各一員，正九品。

分司農司。至正十三年正月，命中書右丞悟良哈台、左丞烏古孫良楨兼大司農卿，給分司農司印。西自西山，南至保定、河間，北至檀、順州，東至遷民鎮，凡係官地，及元管各處屯田，悉從分司農司立法募民佃種之。

大兵農司。至正十五年，詔有水田去處，置大兵農司，招誘夫丁，有事則乘機招討，無事則栽植播種。所置司之處，曰保定等處大兵農使司、河間等處大兵農使司、武清等處大兵農使司、景薊等處大兵農使司。其屬，有兵農千戶所，共二十四處；百戶所，共四十八處；鎮撫司各一。

大都督兵農司。至正十九年二月，置大都督兵農司于西京，以孛羅帖木兒領之，從其所請也。仍置分司十道，專掌屯種之事。

茶運司。元統元年十一月，復置湖廣江西榷茶都轉運司。

鹽運司。至正二年十一月，中書省奉旨講究鹽法，奏准於杭州、嘉興、紹興、溫台四處，各置檢校批驗所，直隸運司，專掌批驗鹽商引目，均平袋法稱盤等事。每所置檢校批驗官一員，從六品；相副官一員，正七品。

漕運司。至元二年五月，京畿都漕運司添設提調官、運副、運判各一員。〔至正〕九年，添設海道巡防官，〔一〇〕給降正七品印信，掌統領軍人水手，防護糧船。巡防官二員，相副官二員。

防禦海道運糧萬戶府。至正十五年七月，陞台州海道巡防千戶所爲防禦海道運糧萬戶府。九月，置分府于平江。

添設兵馬司。至正十年十月，中書省奏：「東南千里外，妖氣見，合立兵馬司四處，掌防禦之職。」遂置大名兵馬司、東平兵馬司、濟南兵馬司、徐州兵馬司。每司置都指揮、指揮各二員，副指揮各四員，經歷、知事、提控案牘各一員，譯史各二人，司吏各十二人，奏差各八人，貼書各二十四人，忽剌罕赤各三十人，司獄各一員，獄丞各一員。十一年，罷沂州分元帥府，改立兵馬指揮使司。十五年十月，濟寧兵馬司添設副指揮二員。

各處寶泉提舉司。〔至正〕十一年十月，〔一〕置寶泉提舉司于河南行省及濟南、冀寧等處，凡九所。江浙、江西、湖廣行省各一所。十二年三月，置銅冶場于饒州路德興縣、信州路鉛山州、韶州岑水，凡三處。每所置提領一員，正八品；大使一員，從八品；副使一員，正九品。流官內銓注。直隸寶泉提舉司，掌浸銅事。

湖南道宣慰使司都元帥府。至元元年六月奏准，湖南道宣慰使司兼都元帥府，總領所轄路分鎮守萬戶軍馬。

邦牙等處宣慰使司都元帥府，至元四年十二月置。先是，以緬地處雲南極邊，就立其酋長爲帥，三年一貢方物。至是來貢，故改立官府以奬異之。

永昌等處宣慰使司都元帥府。至正三年七月，中書省奏：「闊端阿哈所分地方，接連西番，自脫脫木兒既沒之後，無人承嗣。達達人口頭疋，時被西番劫奪殺傷，深爲未便。」遂定置永昌等處宣慰使司都元帥府以治之。置宣慰使三員、同知二員、副使二員。首領官：經歷、知事、照磨各一員，令史十人，蒙古譯史四人，知印二人，怯里馬赤一人，奏差八人，典吏二人。

山東東西道宣慰使司都元帥府，至正六年十二月改立，掌開設屯田、屯駐軍馬之事。

荆湖北道宣慰使司都元帥府。至正十一年十一月奏准，荆湖北道宣慰使司兼都元帥府。

浙東宣慰司。至正十二年正月，添設宣慰使一員、同知一員、都事二員。

淮東等處宣慰使司都元帥府，至正十五年二月置。統率濠泗義兵萬戶府，并洪澤等處義兵。招誘富民，出丁壯五千名者爲萬戶，五百名者爲千戶，一百名者爲百戶，降宣敕牌面與之，命置司于泗州天長縣。

興元等處宣慰使司都元帥府，至正十五年十二月置。

江州等處宣慰使司都元帥府，至正十六年九月奏准，宣慰使都元帥廷授，佐貳僚屬，命江西行省平章政事道童、火你赤承制署之。

河南宣慰司。至正十九年十月，罷洛陽招討軍民萬戶府，置宣慰司，以張俊爲宣慰使。

東路都蒙古軍都元帥府，至正八年正月置。

分元帥府。至正八年十二月，以福建盜起，詔汀、漳二州立分元帥府，以討捕之。〔二〕十一月，命買列的開分元帥府于沂州，以鎭禦東海羣盜。十一年正月，湖南寶慶路置分元帥府，又置寶武分元帥府。三月，置山東分元帥府于登州，提調登、萊、寧海三州三十六處海口事。十二年二月，置安東、安豐二處分元帥府。

水軍元帥府。至正二十六年二月，置河淮水軍元帥府于孟津縣。

紹熙軍民宣撫司。至元四年，因監察御史言：「四川在宋時，有紹熙一府，統六州、二十縣、一百五十二鎭。近年雍、梁、淮甸人民，見彼中田疇廣闊，開墾成業者，凡二十餘萬戶。」省部議定，遂奏准置紹熙等處軍民宣撫司。正官六員，宣撫使、同知、副使各二員。首領官三員，經歷、知事、提控案牘各一員。司獄一員，蒙古、儒學教授各一員，令史八人，譯使、知印、怯里馬赤各一人，奏差四人。所隸資、普、昌、隆下州四處，盤石、內江、安岳、昌元、貴平下縣五處，巡檢司一十三處，各設官如制。又置都總使司，命御史大夫脫脫兼都總使，治書侍御史吉當普爲副都總使。至元六年十一月，中書又因臺臣言裁減冗官事，遂罷紹熙軍民宣撫司。

永順宣撫司。至正十一年四月，改陞永順安撫司爲宣撫司。

平緬宣撫司。至正十五年八月，以雲南死可伐等降，令其子莽三入貢方物，乃置平緬宣撫司以羈縻之。

忠孝軍民安撫司。至正十一年七月，革罷四川省所轄大奴管勾等洞長官司，立忠孝軍民府。至十五年四月，詔改爲忠孝軍民安撫司。

忠義軍民安撫司。至正十五年四月，罷四川羊母甲洞、臭南王洞長官司，置忠義軍民安撫司。又罷盤順府，置盤順軍民安撫司。

宣化鎮南五路軍民府。至正十五年四月，命於四川置立提調軍民鎮撫所、蠻夷軍民千戶所。

團練安撫勸農使司。至正十八年九月，置奉元延安等處團練安撫勸農使司于耀州，鞏昌等處團練安撫勸農使司于邠州，以行省丞相朵朵、行臺大夫完者帖木兒領之。各設參謀一人。每道置使二人，同知、副使各二人，檢督六人，經歷、知事、照磨各一人。

防禦使。至正十七年正月，淮山東分省咨，團結義兵，每州添設州判一員，每縣添設主簿一員，詔有司正官俱兼防禦使事，聽宣慰使司節制。

屯田使司。至正十五年十二月，置軍民屯田使司于沛縣，正三品。

屯田打捕總管府。至元四年五月，升兩淮屯田打捕總管府爲正三品。

黎兵萬戶府。元統二年十月，湖廣行省咨：「海南僻在極邊，南接占城，西隣交趾，環海四千餘里，中盤百洞，黎、獠雜居，宜立萬戶府以鎮之。」中書省奏准，依廣西屯田萬戶府例，置黎兵萬戶府。萬戶三員，正三品。千戶所一十三處，正五品。每所領百戶所八處，正七品。

水軍萬戶府。至正十三年十月，置水軍都萬戶府于崑山州，以浙東宣慰使納麟哈刺爲正萬戶，宣慰使董摶霄爲副萬戶。十四年二月，立鎮江水軍萬戶府，命江浙行省右丞佛家

闆領之。十五年十月，置水軍萬戶府于黃河小清〔河〕口。〔一三〕

義兵萬戶府。至正十四年二月，詔河南、淮南兩省並立義兵萬戶府。五月，置南陽、鄧州等處毛胡蘆義兵萬戶府，募土人爲軍，免其差役，令討賊自效。先是，鄉人自相團結，號毛胡蘆，故因以名之。十五年四月，置汴梁等處義兵萬戶府。十二月，置忠義、忠勤萬戶府于宿州及武安州。

招討軍民萬戶府。至正二十年，以鞏縣爲招討軍民萬戶府。二十六年三月，置嵩州軍民招討萬戶府。

義兵千戶所。至正十年七月中書奏准，於廣西平樂等古城竹山院、桑江隘、尊化鄉、刺場嶺，湖南道州路、武岡路，湖北靖州路等處，置義兵千戶所。每所置千戶一員、彈壓一員、百戶十員。仍於義兵內推選才勇功能，充千戶、彈壓、百戶之職。首領官、都目各一員，於本省都吏目選內注授，並從本道帥府節制。湖南道州二處千戶所，於帥府分司處設立，本司調遣。湖北靖州一處，從本省摽撥鎮守調遣。總定九十六員，給降宣敕牌面印信。十三年十一月，立義兵千戶水軍千戶所于江西。

奉使宣撫。至正五年十月，遣官分道奉使宣撫，布宣德意，詢民疾苦，疏滌寃滯，蠲除煩苛，體察官吏賢否，明加黜陟。有罪者，四品以上停職申請，五品以下就便處決，民間一切興利除害之事，悉聽舉行。其餘必合上聞者，條具入告。兩浙江東道，以江西行省左丞忽都不丁、吏部尚書何執禮爲之，宣政院都事吳密爲首領官。江西福建道，以雲南行省右丞散散、將作院使王士弘爲之，國子典簿孟昉爲首領官。江南湖廣道，以大都路達魯花赤拔實、江浙參政秦從德爲之，留守司都事月忽難爲首領官。海北廣東道，以平江路達魯花赤左答納失理、都水使賈惟（冀）〔貞〕爲之，〔一四〕都水照磨楊文在爲首領官。燕南山東道，以資正院使鑾子、兵部尚書李獻爲之，太醫院都事賈魯爲首領官。河東陝西道，以兵部尚書不花、樞密院判官靳義爲之，翰林應奉王繼善爲首領官。山北遼東道，以宣政院同知伯家奴、宣徽僉院王也速迭兒爲之，工部主事明理不花爲首領官。雲南省，以荊湖宣慰阿乞剌、兩浙鹽運使杜德遠爲之，通政院都事楊矩爲首領官。甘肅永昌道，以上都留守阿牙赤、陝西行省左丞王紳爲之，沁源縣尹喬遜爲首領官。四川省，以大都留守答爾麻失里、河南參政王守誠爲之，宣政院都事武祺爲首領官。京畿道，以西臺中丞定定、集賢侍講學士蘇天爵爲之，太史院都事留思誠爲首領官。河南江北道，以吏部尚書定僧、宣政院僉院魏景道爲之，中書檢校哈爾丹爲首領官。至正十七年九月，詔以中書（左）〔右〕丞也先不花、〔一五〕御史中丞成遵奉使宣撫彰德、大名、廣平、東昌、東平、曹、濮等處，獎厲將帥。

經略使。至正十八年九月初六日，命經略使問民疾苦，招諭叛逆，果有怙終不悛，總督一應大小官吏，治兵裒粟，精練士卒，審用成算，申明紀律。先定江西、湖廣、江浙、福建諸處，併力犄角，務收平復之效，不尙屠戮之威。江南各省民義，忠君親上，姓名不能上達者，優加撫存，量才驗功，授以官爵。旌表孝子順孫、義夫節婦、高年耆德，常令有司存恤鰥寡孤獨。選官二員爲經略使參謀官，辟名士一人掌案牘。設行軍司馬一員，秩正五品，掌軍律。

選舉附錄

科目

元以科目取士，自延祐至元統凡七科，具見前志。旣罷復興之後，至正二年三月戊寅，廷試舉人，賜拜住、陳祖仁等進士及第、進士出身、同進士出身有差，凡七十有八人。國子生員十有八人：蒙古人六名，從六品出身；色目人六名，正七品出身；漢人、南人共六名，從七品出身。五年三月辛卯，廷試舉人，賜普顏不花、張士堅等進士及第、進士出身、同進士出身有差，如前科之數。國子生員亦如之。八年三月癸卯，廷試舉人，賜阿魯輝帖穆而、王宗哲等進士及第、進士出身、同進士出身有差，如前科之數。國子生員亦如之。是年四月，中書省奏准，監學生員每歲取及分生員四十人，三年應貢會試者，凡一百二十人。除例取十八人外，今後再取副榜二十人，於內蒙古、色目各四名，前二名充司鑰，下二名充侍儀舍人。漢人取一十二人，前三名充學正、司樂，次四名充學錄、典籍管勾，以下五名充舍人。不願者，聽其還齋。十一年三月丙辰，廷試舉人，賜朶列圖、文允中等進士及第、進士出身、同進士出身有差，凡八十有三人。國子生員如舊制。

十二年三月，有旨：「省院臺不用南人，似有偏負。天下四海之內，莫非吾民，宜依世祖時用人之法，南人有才學者，皆令用之。」自是累科南方之進士，始有爲御史，爲憲司官，爲尙書者矣。十四年三月〔乙〕〔己〕巳，〔一六〕廷試舉人，賜薛朝晤、牛繼志等進士及第、進士出身、同進士出身有差，凡六十有二人。國子生員如舊制。十七年三月，廷試舉人，賜倪徵、王宗嗣等進士及第、進士出身、同進士出身有差，凡五十有一人。國子生員如舊制。

十九年，中書左丞成遵建言：「宋自景祐以來，百五十年，雖無兵禍，常設寓試名額，以待四方遊士。今淮南、河南、山東、四川、遼陽等處，及江南各省所屬州縣，避兵士民，會集京師。如依前代故事，別設流寓鄉試之科，令避兵士民就試，許在京官員及請俸掾譯史人等，繫其鄉里親戚者，結罪保舉，行移大都路印卷，驗其人數，添差試官，別爲考校，依各處元額，選合格者充之，則國有得人之效，野無遺賢之歎矣。」旣而監察御史亦建言此事，中書送禮部定擬：「曾經殘破處所，其鄉試元額，蒙古、色目、漢人、南人總計一百三十有二人。如今流寓儒人，應試名數，難同全盛之時，其寓試解額，合照依元額減半量擬，取合格蒙古、色目各十五名，漢人二十名，南人十五名，通六十有五名。」中書省奏准，如所擬行之。而是歲福建行中書省初設鄉試，定取七人爲額，而江西流寓福建者亦與試焉，通取十有五人，充貢于京師。而陝西行省平章政事察罕帖木兒又請：「今歲八月鄉試，河南舉人及避兵儒士，不拘籍貫，依河南省元額數，就陝州置貢院應試。」詔亦從之。二十年三月，廷試舉人，賜買住、魏元禮等進士及第、進士出身、同進士出身有差，凡三十有五人。國子生員如舊制。二十三年三月丁未，廷試舉人，賜寶寶、楊輗等進士及第、進士出身、同進士出身有差，凡六十有二人。國子生員如舊制。是年六月，中書省奏：「江浙、福建舉人，涉海道以赴京，有六人者，已後會試之期，宜授以教授之職；其下第三人，亦以教授之職授之。非徒慰其跋涉險阻之勞，亦及激勸遠方忠義之士。」

二十五年，皇太子撫軍河東，適當大比之歲，擴廓帖木兒以江南、四川等處皆阻于兵，其鄉試不廢者，唯燕南、河南、山東、陝西、河東數道而已，乃啓皇太子倍增鄉貢之額。二十六年三月，廷試舉人，賜赫德溥化、張棟等進士及第、進士出身、同進士出身有差，凡七十有三人，優其品秩。第一甲，授承直郎，正六品。第二甲，授承務郎，從六品。第三甲，授從仕郎，從七品。國子生員：蒙古七名，正六品；色目六名，從六品；漢人七名，正七品；通二十人。兵興已後，科目取士，莫盛于斯；而元之設科，亦止於是歲云。

校勘記

〔一〕三月以悟良哈台爲添設參知政事　按本書卷四二順帝紀，此事繫于至正十二年閏三月庚子。是年三月無庚子，紀當不誤。新元史改作「閏三月」，疑是。

〔二〕沙劉　按本書卷四五順帝紀至正十七年六月所見作「沙劉二」，庚申外史至正十七年、十八年所見均作「沙劉二」。新編據補「二」字，疑是。

〔三〕太保〔左〕〔右〕丞相也速　據本書卷四七順帝紀至正二十七年八月辛酉、九月甲戌條及卷一一三宰相表改。

〔四〕宗禋院所轄會福崇〔福〕〔祥〕隆禧壽福四總管府　據本書卷三二文宗紀天曆元年十月癸巳條、卷八七百官志改。

〔五〕〔至正〕二十七年八月乙巳命皇太子總天下軍馬　從道光本補。

〔六〕置淮南江北等處行中書省于揚州以淮西宣慰司兩淮鹽運司揚州淮安徐州唐州安豐蘄黃皆隸焉　本書卷四二順帝紀至正十二年閏三月乙酉條有「立淮南江北等處行中書省，治揚州，轄揚州、高郵、淮安、滁州、和州、廬州、安豐、安慶、蘄州、黃州」。按唐州非兩淮地，壤土隔越，不得屬淮南行省。以紀、志之文對勘，疑「唐」爲「廬」之誤。

〔七〕僉提調(淮)〔鎮〕南王傅府事　據本書卷四二順帝紀至正十二年閏三月辛丑條及卷一〇八諸王表改。

〔八〕經歷一員　按上文已書「經歷、知事各一員」，此係重出，新編刪，疑是。

〔九〕江浙行宣政院設崇教所儗行中書省理問官秩四品　按本書卷九一百官志及元典章卷七職品，行省理問所理問正四品。新元史增「正」字，疑是。

〔一〇〕〔至正〕九年添設海道巡防官　從道光本補。

〔一一〕〔至正〕十一年十月　從道光本補。

〔一二〕至正八年十二月以福建盜起詔汀漳二州立分元帥府以討捕之　下文書「十一月，命買列的開分元帥府于沂州」，「十二月」不當書於「十一月」前。按本書卷四一順帝紀，此事繫於至正八年三月壬寅。疑「十二」爲「三」之誤。

〔一三〕置水軍萬戶府于黃河小清(河)口　據本書卷四四順帝紀至正十五年十月己卯條刪。按至正十一年賈魯治河後，黃河走淮、泗故道。淮、泗匯合處謂之清口。淮安路清河縣有大、小清口。大、小清河在今山東境內，非當時黃河入海道。

〔一四〕賈惟（冀）〔貞〕　據本書卷四一順帝紀至正五年十月辛酉條、至正八年二月所見改。

〔一五〕中書（左）〔右〕丞也先不花　據本書卷四五順帝紀至正十七年九月辛丑條、卷一一三宰相表改。

〔一六〕十四年三月（乙）〔己〕巳　據本書卷四三順帝紀至正十四年三月己巳條改。按是月癸亥朔，無乙巳日。己巳爲初七日。

元史卷九十三

志第四十二

食貨一

洪範八政，食爲首而貨次之，蓋食貨者養生之源也。民非食貨則無以爲生，國非食貨則無以爲用，是以古之善治其國者，不能無取於民，亦未嘗過取於民，其大要在乎量入爲出而已。傳曰：「生財有大道，生之者衆，食之者寡，爲之者疾，用之者舒。」此先王理財之道也。後世則不然。以漢、唐、宋觀之，當其立國之初，亦頗有成法，及數傳之後，驕侈生焉。往往取之無度，用之無節。於是漢有告緡、算舟車之令，唐有借商、稅間架之法，宋有經、總制二錢，皆掊民以充國，卒之民困而國亡，可歎也已。

元初，取民未有定制。及世祖立法，一本於寬。其用之也，於宗戚則有歲賜，於凶荒則有賑恤，大率以親親愛民爲重，而尤惓惓於農桑一事，可謂知理財之本者矣。世祖嘗語中書省臣曰：「凡賜與雖有朕命，中書其斟酌之。」成宗亦嘗謂丞相完澤等曰：「每歲天下金銀鈔幣所入幾何？諸王駙馬賜與及一切營建所出幾何？其會計以聞。」完澤對曰：「歲入之數，金一萬九千兩，銀六萬兩，鈔三百六十萬錠，然猶不足於用，又於至元鈔本中借二十萬錠矣。自今敢以節用爲請。」帝嘉納焉。世稱元之治以至元、大德爲首者，蓋以此。

自時厥後，國用寖廣。除稅糧、科差二者之外，凡課之入，日增月益。至于天曆之際，視至元、大德之數，蓋增二十倍矣，而朝廷未嘗有一日之蓄，則以其不能量入爲出故也。雖然，前代告緡、借商、經總等制，元皆無之，亦可謂寬矣。其能兼有四海，傳及百年者，有以也夫。故倣前史之法，取其出入之制可考者：一曰經理，二曰農桑，三曰稅糧，四曰科差，五曰海運，六曰鈔法，七曰歲課，八曰鹽法，九曰茶法，十曰酒醋課，十有一曰商稅，十有二曰市舶，十有三曰額外課，十有四曰歲賜，十有五曰俸秩，十有六曰常平義倉，十有七曰惠民藥局，十有八曰市糴，十有九曰賑卹，具著于篇，作食貨志。

經理

經界廢而後有經理，魯之履畝，漢之覈田，皆其制也。夫民之强者田多而稅少，弱者產去而稅存，非經理固無以去其害；然經理之制，苟有不善，則其害又將有甚焉者矣。

仁宗延祐元年，平章章閭言：「經理大事，世祖已嘗行之，但其間欺隱尚多，未能盡實。以熟田爲荒地者有之，懼差而析戶者有之，富民買貧民田而仍其舊名輸稅者亦有之。由是歲入不增，小民告病。若行經理之法，俾有田之家，及各位下、寺觀、學校、財賦等田，一切從實自首，庶幾稅入無隱，差徭亦均。」於是遣官經理。以章閭等往江浙，尚書你咱馬丁等往江西，左丞陳士英等往河南，仍命行御史臺分臺鎭遏，樞密院以軍防護焉。

其法先期揭榜示民，限四十日，以其家所有田，自實于官。或以熟爲荒，以田爲蕩，或隱占逃亡之產，或盜官田爲民田，指民田爲官田，及僧道以田作弊者，並許諸人首告。十畝以下，其田主及管幹佃戶皆杖七十七。二十畝以下，加一等。一百畝以下，一百七；以上，流竄北邊，所隱田沒官。郡縣正官不爲查勘，致有脫漏者，量事論罪，重者除名。此其大略也。

然期限猝迫，貪刻用事，富民黠吏，並緣爲姦，以無爲有，虛具于籍者，往往有之。於是人不聊生，盜賊並起，其弊反有甚於前者。仁宗知之，明年，遂下詔免三省自實田租。二年，時汴梁路總管塔海亦言其弊，於是命河南自實田，自延祐五年爲始，每畝止科其半，汴梁路凡減二十二萬餘石。至泰定、天曆之初，又盡革虛增之數，民始獲安。今取其數之可考者，列于後云：

河南省，總計官民荒熟田一百一十八萬七百六十九頃。

江西省，總計官民荒熟田四十七萬(石)四千六百九十三頃。〔一〕

江浙省，總計官民荒熟田九十九萬五千八十一頃。

農桑

農桑，王政之本也。太祖起朔方，其俗不待蠶而衣，不待耕而食，初無所事焉。世祖即位之初，首詔天下，國以民爲本，民以衣食爲本，衣食以農桑爲本。於是頒農桑輯要之書于民，俾民崇本抑末。其睿見英識，與古先帝王無異，豈遼、金所能比哉。

中統元年，命各路宣撫司擇通曉農事者，充隨處勸農官。二年，立勸農司，以陳邃、崔斌等八人爲使。至元七年，立司農司，以左丞張文謙爲卿。司農司之設，專掌農桑水利。仍分布勸農官及知水利者，巡行郡邑，察舉勤惰。所在牧民長官提點農事，歲終第其成否，轉申司農司及戶部，秩滿之日，注於解由，戶部照之，以爲殿最。又命提刑按察司加體察焉。其法可謂至矣。

是年，又頒農桑之制一十四條，條多不能盡載，載其所可法者：縣邑所屬村疃，凡五十家立一社，擇高年曉農事者一人爲之長。增至百家者，別設長一員。不及五十家者，與近村合爲一社。地遠人稀，不能相合，各自爲社者聽。其合爲社者，仍擇數村之中，立社長官司長以教督農民爲事。〔三〕凡種田者，立牌橛於田側，書某社某人於其上，社長以時點視勸誡。不率教者，籍其姓名，以授提點官責之。其有不敬父兄及兇惡者，亦然。仍大書其所犯于門，俟其改過自新乃毁，如終歲不改，罰其代充本社夫役。社中有疾病凶喪之家不能耕種者，衆爲合力助之。一社之中災病多者，兩社助之。凡爲長者，復其身，郡縣官不得以社長與科差事。農桑之術，以備旱暵爲先。凡河渠之利，委本處正官一員，以時濬治。或民力不足者，提舉河渠官相其輕重，官爲導之。地高水不能上者，命造水車。貧不能造者，官具材木給之。俟秋成之後，驗使水之家，俾均輸其直。田無水者鑿井，井深不能得水者，聽種區田。其有水田者，不必區種。仍以區田之法，散諸農民。種植之制，每丁歲種桑棗二十株。土性不宜者，聽種楡柳等，其數亦如之。種雜果者，每丁十株，皆以生成爲數，願多種者聽。其無地及有疾者不與。所在官司申報不實者，罪之。仍令各社布種苜蓿，以防饑年。近水之家，又許鑿池養魚幷鵝鴨之數，及種蒔蓮藕、雞頭、菱(芡)〔角〕、蒲葦等，〔三〕以助衣食。凡荒閑之地，悉以付民，先給貧者，次及餘戶。每年十月，令州縣正官一員，巡視境內，有蟲蝗遺子之地，多方設法除之。其用心周悉若此，亦仁矣哉。

九年，命勸農官舉察勤惰。於是高唐州官以勤陞秩，河南陝縣尹王仔以惰降職。自是每歲申明其制。十年，令探馬赤隨處入社，與編民等。二十五年，立行大司農司及營田司於江南。二十八年，頒農桑雜令。是年，又以江南長吏勸課擾民，罷其親行之制，命止移文諭之。二十九年，以勸農司併入各道肅政廉訪司，增僉事二員，兼察農事。是年八月，又命提調農桑官帳册有差者，驗數罰俸。故終世祖之世，家給人足。天下爲戶凡一千一百六十三萬三千二百八十一，爲口凡五千三百六十五萬四千三百三十七，此其敦本之明效可睹也已。

成宗大德元年，罷妨農之役。十一年，申擾農之禁，力田者有賞，游惰者有罰，縱畜牧損禾稼桑棗者，責其償而後罪之。由是大德之治，幾於至元。然旱暵霖雨之災迭見，饑毀荐臻，民之流移失業者亦已多矣。

武宗至大二年，淮西廉訪僉事苗好謙獻種蒔之法。其說分農民爲三等，上戶地一十畝，中戶五畝，下戶二畝或一畝，皆築垣牆圍之，以時收採桑椹，依法種植。武宗善而行之。其法出齊民要術等書，茲不備錄。三年，申命大司農總挈天下農政，修明勸課之令，除牧養之地，其餘聽民秋耕。

仁宗皇慶二年，復申秋耕之令，惟大都等五路許耕其半。蓋秋耕之利，掩陽氣於地中，蝗蝻遺種皆爲日所曝死，次年所種，必盛於常禾也。延祐三年，以好謙所至，植桑皆有成效，於是風示諸道，命以爲式。是年十一月，令各社出地，共蒔桑苗，以社長領之，分給各社。四年，又以社桑分給不便，令民各畦種之。法雖屢變，而有司不能悉遵上意，大率視爲具文而已。五年，大司農司臣言：「廉訪司所具栽植之數，書于册者，類多不實。」觀此，則惰於勸課者，又不獨有司爲然也。致和之後，莫不申明農桑之令。天曆二年，各道廉訪司所察勤官內丘何主簿等凡六人，惰官濮陽裴縣尹等凡四人。其可考者，蓋止於此云。

稅糧

元之取民，大率以唐爲法。其取於內郡者，曰丁稅，曰地稅，此倣唐之租庸調也。取於江南者，曰秋稅，曰夏稅，此倣唐之兩稅也。

丁稅、地稅之法，自太宗始行之。初，太宗每戶科粟二石，後又以兵食不足，增爲四石。至丙申年，乃定科徵之法，令諸路驗民戶成丁之數，每丁歲科粟一石，驅丁五升，新戶丁驅各半之，老幼不與。其間有耕種者，或驗其牛具之數，或驗其土地之等徵焉。丁稅少而地稅多者納地稅，地稅少而丁稅多者納丁稅。工匠僧道驗地，官吏商賈驗丁。虛配不實者杖七十，徒二年。仍命歲書其數于册，由課稅所申省以聞，違者各杖一百。逮及世祖，申明舊制，於是輸納之期、收受之式、關防之禁、會計之法，莫不備焉。

中統二年，遠倉之糧，命止於沿河近倉輸納，每石帶收脚錢中統鈔三錢，或民戶赴河倉輸納者，每石折輸輕齎中統鈔七錢。五年，詔僧、道、也里可溫、答失蠻、儒人凡種田者，白地每畝輸稅三升，水地每畝五升。軍、站戶除地四頃免稅，餘悉徵之。至元三年，詔窩戶種田他所者，其丁稅於附籍之郡驗丁而科，地稅於種田之所驗地而取。漫散之戶逃於河南等路者，依見居民戶納稅。八年，又定西夏中興路、西寧州、兀剌海三處之稅，其數與前僧道同。

十七年，遂命戶部大定諸例：全科戶丁稅，每丁粟三石，驅丁粟一石，地稅每畝粟三升。減半科戶丁稅，每丁粟一石。新收交參戶，第一年五斗，第三年一石二斗五升，〔四〕第四年一石五斗，第五年一石七斗五升，第六年入丁稅。協濟戶丁稅，每丁粟一石，地稅每畝粟三升。隨路近倉輸粟，遠倉每粟一石，折納輕齎鈔二兩。富戶輸遠倉，下戶輸近倉，郡縣各差正官一員部之，每石帶納鼠耗三升，分例四升。凡糧到倉，以時收受，出給朱鈔。權勢之徒結攬稅石者罪之，仍令倍輸其數。倉官、攢典、斗脚人等飛鈔作弊者，並置諸法。輸納之期，分爲三限：初限十月，中限十一月，末限十二月。違者，初犯笞四十，再犯杖八十。成宗大德六年，申明稅糧條例，復定上都、河間輸納之期。上都，初限次年五月，中限六月，末限七月。河間，初限九月，中限十月，末限十一月。

秋稅、夏稅之法，行于江南。初，世祖平宋時，除江東、浙西，其餘獨徵秋稅而已。至元十九年，用姚元之請，命江南稅糧依宋舊例，折輸綿絹雜物。是年二月，又用耿左丞言，令輸米三之一，餘並入鈔以折焉。以七百萬錠爲率，歲得羨鈔十四萬錠。其輸米者，止用宋斗斛，蓋以宋一石當今七斗故也。二十八年，又命江淮寺觀田，宋舊有者免租，續置者輸稅，其法亦可謂寬矣。

成宗元貞二年，始定徵江南夏稅之制。於是秋稅止命輸租，夏稅則輸以木綿布絹絲綿等物。其所輸之數，視糧以爲差。糧一石或輸鈔三貫、二貫、一貫，或一貫五百文、一貫七百文。輸三貫者，若江浙省婺州等路、江西省龍興等路是已。輸二貫者，若福建省泉州等五路是已。輸一貫五百文者，若江浙省紹興路、福建省漳州等五路是已。皆因其地利之宜，人民之衆，酌其中數而取之。其折輸之物，各隨時估之高下以爲直，獨湖廣則異於是。初，阿里海牙克湖廣時，罷宋夏稅，依中原例，改科門攤，每戶一貫二錢，蓋視夏稅增鈔五萬餘錠矣。大德二年，宣慰張國紀請科夏稅，於是湖、湘重罹其害。俄詔罷之。三年，又改門攤爲夏稅而併徵之。每石計三貫四錢之上，視江浙、江西爲差重云。其在官之田，許民佃種輸租。江北、兩淮等處荒閑之地，第三年始輸。大德四年，又以地廣人稀更優一年，令第四年納稅。凡官田，夏稅皆不科。

泰定之初，又有所謂助役糧者。其法命江南民戶有田一頃之上者，於所輸稅外，每頃量出助役之田，具書于册，里正以次掌之，歲收其入，以助充役之費。凡寺觀田，除宋舊額，其餘亦驗其多寡令出田助役焉。民賴以不困，因幷著于此云。

天下歲入糧數，總計一千二百十一萬四千七百八石。

腹裏，二百二十七萬一千四百四十九石。

行省，九百八十四萬三千二百五十八石。

遼陽省七萬二千六十六石。

河南省二百五十九萬一千二百六十九石。

陝西省二十二萬九千二十三石。

四川省一十一萬六千五百七十四石。

甘肅省六萬五百八十六石。

雲南省二十七萬七千七百一十九石。

江浙省四百四十九萬四千七百八十三石。

江西省一百一十五萬七千四百四十八石。

湖廣省八十四萬三千七百八十七石。

江南三省天曆元年夏稅鈔數，總計中統鈔一十四萬九千二百七十三錠三十三貫。

江浙省五萬七千八百三十錠四十貫。

江西省五萬二千八百九十五錠一十一貫。

湖廣省一萬九千三百七十八錠二貫。

科差

科差之名有二：曰絲料，曰包銀。其法各驗其戶之上下而科焉。絲料之法，太宗丙申年始行之。每二戶出絲一斤，并隨路絲線、顏色輸于官；五戶出絲一斤，并隨路絲線、顏色輸于本位。包銀之法，憲宗乙卯年始定之。初漢民科納包銀六兩，至是止徵四兩，二兩輸銀，二兩折收絲絹、顏色等物。逮及世祖，而其制益詳。

中統元年，立十路宣撫司，定戶籍科差條例。然其戶大抵不一，有元管戶、交參戶、漏籍戶、協濟戶。於諸戶之中，又有絲銀全科戶、減半科戶、止納絲戶、止納鈔戶；外又有攤絲戶、儲也速䚟兒所管納絲戶、復業戶，并漸成丁戶。戶既不等，數亦不同。元管戶內，絲銀全科係官戶，每戶輸係官絲一斤六兩四錢、包銀四兩；全科係官五戶絲戶，每戶輸係官絲一斤、五戶絲六兩四錢，包銀之數與係官戶同；減半科戶，每戶輸係官絲八兩、五戶絲三兩二錢、包銀二兩；止納係官絲戶，若上都、隆興、西京等路十戶十斤者，每戶輸一斤，大都以南等路十戶十四斤者，每戶輸一斤六兩四錢；止納係官五戶絲戶，每戶輸係官絲一斤、五戶絲六兩四錢。交參戶內，絲銀戶每戶輸係官絲一斤六兩四錢、包銀四兩。漏籍戶內，止納絲戶每戶輸絲之數，與交參絲銀戶同；止納鈔戶，初年科包銀一兩五錢，次年遞增五錢，增至四兩，併科絲料。協濟戶內，絲銀戶每戶輸係官絲十兩二錢、包銀四兩；止納絲戶，每戶輸係官絲之數，與絲銀戶同。攤絲戶，每戶科攤絲四斤。儲也速解兒所管戶，每戶科細絲，其數與攤絲同。復業戶并漸成丁戶，初年免科，第二年減半，第三年全科，與舊戶等。然絲料、包銀之外，又有俸鈔之科，其法亦以戶之高下為等，全科戶輸一兩，減半戶輸五錢。於是以合科之數，作大門攤，分為三限輸納。被災之地，聽輸他物折焉，其物各以時估為則。凡儒士及軍、站、僧、道等戶皆不與。

二年，復定科差之期，絲料限八月，包銀初限八月，中限十月，末限十二月。三年，又命絲料無過七月，包銀無過九月。及平江南，其制益廣。至元二十八年，以至元新格定科差法，諸差稅皆司縣正官監視人吏置局均科。諸夫役皆先富強，後貧弱；貧富等者，先多丁，後少丁。

成宗大德六年，又命止輸絲戶每戶科俸鈔中統鈔一兩，包銀戶每戶科二錢五分，攤絲戶每戶科攤絲五斤八兩；絲料限八月，包銀、俸鈔限九月，布限十月。大率因世祖之舊而增損云。

科差總數：

中統四年，絲七十一萬二千一百七十一斤，鈔五萬六千一百五十八錠。

至元二年，絲九十八萬六千九百一十二斤，包銀等鈔五萬六千八百七十四錠，布八萬五千四百一十二匹。

至元三年，絲一百五萬三千二百二十六斤，包銀等鈔五萬九千八十五錠。

至元四年，絲一百九萬六千四百八十九斤，鈔七萬八千一百二十六錠。

天曆元年，包銀差發鈔九百八十九錠，𧴦一百一十三萬三千一百一十九索，絲一百九萬八千八百四十三斤，絹三十五萬五百三十匹，綿七萬二千一十五斤，布二十一萬一千二百二十三匹。

海運

元都于燕，去江南極遠，而百司庶府之繁，衞士編民之衆，無不仰給於江南。自丞相伯顏獻海運之言，而江南之糧分爲春夏二運。蓋至于京師者一歲多至三百萬餘石，民無輓輸之勞，國有儲蓄之富，豈非一代之良法歟。

初，伯顏平江南時，嘗命張瑄、朱清等，以宋庫藏圖籍，自崇明州從海道載入京師。而運糧則自浙西涉江入淮，由黃河逆水至中灤旱站，陸運至淇門，入御河，以達于京。後又開濟州泗河，自淮至新開河，由大清河至利津，河入海，因海口沙壅，又從東阿旱站運至臨清，入御河。又開膠、萊河道通海，勞費不貲，卒無成效。至元十九年，伯顏追憶海道載宋圖籍之事，以爲海運可行，於是請于朝廷，命上海總管羅璧、朱清、張瑄等，造平底海船六十艘，運糧四萬六千餘石，從海道至京師。然創行海洋，沿山求嶼，風信失時，明年始至直沽。時朝廷未知其利，是年十二月立京畿、江淮都漕運司二，仍各置分司，以督綱運。每歲令江淮漕運司運糧至中灤，京畿漕運司自中灤運至大都。二十年，又用王積翁議，令阿八赤等廣開新河。然新河候潮以入，船多損壞，民亦苦之。而忙兀䚟言海運之舟悉皆至焉。於是罷新開河，頗事海運，立萬戶府二，以朱清爲中萬戶，張瑄爲千戶，忙兀䚟爲萬戶府達魯花赤。未幾，又分新河軍士水手及船，於揚州、平灤兩處運糧，命三省造船〔二〕〔三〕千艘於濟州河運糧，〔三〕猶未專於海道也。

二十四年，始立行泉府司，專掌海運，增置萬戶府二，總爲四府。是年遂罷東平河運糧。二十五年，內外分置漕運司二。其在外者於河西務置司，領接運海道糧事。二十八年，又用朱清、張瑄之請，併四府爲都漕運萬戶府二，止令清、瑄二人掌之。其屬有千戶、百戶等官，分爲各翼，以督歲運。

至大四年，遣官至江浙議海運事。時江東寧國、池、饒、建康等處運糧，率令海船從揚子江逆流而上。江水湍急，又多石磯，走沙漲淺，糧船俱壞，歲歲有之。又湖廣、江西之糧運至眞州泊入海船，船大底小，亦非江中所宜。〔六〕於是以嘉興、松江秋糧，并江淮、江浙財賦府歲辦糧充運。海漕之利，蓋至是博矣。

凡運糧，每石有脚價鈔。至元二十一年，給中統鈔八兩五錢，其後遞減至于六兩五錢。至大三年，以福建、浙東船戶至平江載糧者，道遠費廣，通增爲至元鈔一兩六錢，香糯一兩七錢。四年，又增爲二兩，香糯二兩八錢，稻穀一兩四錢。延祐元年，斟酌遠近，復增其價。福建船運糙粳米每石一十三兩，溫、台、慶元船運糙粳、香糯每石一十〔一〕兩五錢，〔七〕紹興、浙西船每石一十一兩，白粳價同，稻穀每石八兩，黑豆每石依糙白糧例給焉。

初，海運之道，自平江劉家港入海，經揚州路通州海門縣黃連沙頭、萬里長灘開洋，沿山嶼而行，抵淮安路鹽城縣，歷西海州、海寧府東海縣、密州、膠州界，放靈山洋投東北，路多淺沙，行月餘始抵成山。計其水程，自上海至（揚）〔楊〕村馬頭，〔八〕凡一萬三千三百五十里。至元二十九年，朱清等言其路險惡，復開生道。自劉家港開洋，至撑脚沙轉沙觜，至三沙、洋子江，過匾（檐）〔擔〕沙、〔九〕大洪，又過萬里長灘，放大洋至青水洋，又經黑水洋至成山，過劉島，至芝罘、沙門二島，放萊州大洋，抵界河口，其道差爲徑直。明年，千戶殷明略又開新道，從劉家港入海，至崇明州三沙放洋，向東行，入黑水大洋，取成山轉西至劉家島，又至登州沙門島，於萊州大洋入界河。當舟行風信有時，自浙西至京師，不過旬日而已，視前二道爲最便云。然風濤不測，糧船漂溺者無歲無之，間亦有船壞而棄其米者。至元二十三年始責償於運官，人船俱溺者乃免。然視河漕之費，則其所得蓋多矣。

歲運之數：

至元二十年，四萬六千五十石，至者四萬二千一百七十二石。二十一年，二十九萬五百石，至者二十七萬五千六百一十石。二十二年，一十萬石，至者九萬七百七十一石。二十三年，五十七萬八千五百二十石，至者四十三萬三千九百五石。二十四年，三十萬石，至者二十九萬七千五百四十六石。二十五年，四十萬石，至者三十九萬七千六百五十五石。二十六年，九十三萬五千石，至者九十一萬九千九百四十三石。二十七年，一百五十九萬五千石，至者一百五十一萬三千八百五十六石。二十八年，一百五十二萬七千二百五十石，至者一百二十八萬一千六百一十五石。二十九年，一百四十萬七千四百石，至者一百三十六萬一千五百一十三石。三十年，九十萬八千石，至者八十八萬七千五百九十一石。三十一年，五十一萬四千五百三十三石，至者五十萬三千五百三十四石。

元貞元年，三十四萬五百石。二年，三十四萬五百石，至者三十三萬七千二十六石。

大德元年，六十五萬八千三百石，至者六十四萬八千一百三十六石。二年，七十四萬二千七百五十一石，至者七十萬五千九百五十四石。三年，七十九萬四千五百石。四年，七十九萬五千五百石，至者七十八萬八千九百一十八石。五年，七十九萬六千五百二十八石，至者七十六萬九千六百五十石。六年，一百三十八萬三千八百八十三石，至者一百三十二萬九千一百四十八石。七年，一百六十五萬九千四百九十一石，至者一百六十一萬八千五百八石。八年，一百六十七萬二千九百九石，至者一百六十六萬三千三百一十三石。九年，一百八十四萬三千三石，至者一百七十九萬五千三百四十七石。十年，一百八十萬八千一百九十九石，至者一百七十九萬七千七十八石。十一年，一百六十六萬五千四百二十二石，至者一百六十四萬四千六百七十九石。

至大元年，一百二十四萬一百四十八石，至者一百二十萬二千五百三石。二年，二百四十六萬四千二百四石，至者二百三十八萬六千三百石。三年，二百九十二萬六千五百三十三石，至者二百七十一萬六千九百十三石。四年，二百八十七萬三千二百一十二石，至者二百七十七萬三千二百六十六石。

皇慶元年，二百八萬三千五百五石，至者二百六萬七千六百七十二石。二年，二百三十一萬七千二百二十八石，至者二百一十五萬八千六百八十五石。

延祐元年，二百四十萬三千二百六十四石，至者二百三十五萬六千六百六石。二年，二百四十三萬五千六百八十五石，至者二百四十二萬二千五百五石。三年，二百四十五萬八千五百一十四石，至者二百四十三萬七千七百四十一石。四年，二百三十七萬五千三百四十五石，至者二百三十六萬八千一百一十九石。五年，二百五十五萬三千七百一十四石，至者二百五十四萬三千六百一十一石。六年，三百二萬一千五百八十五石，至者二百九十八萬六千一十七石。〔一〇〕七年，三百二十六萬四千六石，至者三百二十四萬七千九百二十八石。

至治元年，三百二十六萬九千四百五十一石，至者三百二十三萬八千七百六十五石。二年，三百二十五萬一千一百四十石，至者三百二十四萬六千四百八十三石。三年，二百八十一萬一千七百八十六石，至者二百七十九萬八千六百一十三石。泰定元年，二百八萬七千二百三十一石，至者二百七萬七千二百七十八石。二年，二百六十七萬一千一百八十四石，至者二百六十三萬七千五十一石。〔二〕三年，三百三十七萬五千七百八十四石，至者三百三十五萬一千三百六十二石。四年，三百一十五萬二千八百二十石，至者三百一十三萬七千五百三十二石。天曆元年，三百二十五萬五千二百二十石，至者三百二十一萬五千四百二十四石。二年，三百五十二萬二千一百六十三石，至者三百三十四萬三百六石。

鈔法

鈔始于唐之飛錢、宋之交會、金之交鈔。其法以物爲母，鈔爲子，子母相權而行，卽周官質劑之意也。元初倣唐、宋、金之法，有行用鈔，其制無文籍可考。世祖中統元年，始造交鈔，以絲爲本。每銀五十兩易絲鈔一千兩，諸物之直，並從絲例。是年十月，又造中統元寶鈔。其文以十計者四：曰一十文、二十文、三十文、五十文。以百計者三：曰一百文、二百文、五百文。以貫計者二：曰一貫文、二貫文。每一貫同交鈔一兩，兩貫同白銀一兩。又以文綾織爲中統銀貨。其等有五：曰一兩、二兩、三兩、五兩、十兩。每一兩同白銀一兩，而銀貨蓋未及行云。五年，設各路平準庫，主平物價，使相依準，不至低昂，仍給鈔一萬二千錠，以爲鈔本。至元十二年，添造釐鈔。其例有三：曰二文、三文、五文。初，鈔印用木爲版，十三年鑄銅易之。十五年，以釐鈔不便於民，復命罷印。然元寶、交鈔行之既久，物重鈔輕。二十四年，遂改造至元鈔，自二貫至五文，凡十有一等，與中統鈔通行。每一貫文當中統鈔五貫文。依中統之初，隨路設立官庫，貿易金銀，平準鈔法。每花銀一兩，入庫其價至元鈔二貫，出庫二貫五分；赤金一兩，入庫二十貫，出庫二十貫五百文。僞造鈔者處死，首告者賞鈔五錠，仍以犯人家產給之。其法爲最善。至大二年，武宗復以物重鈔輕，改造至大銀鈔，自二兩至二釐定爲一十三等。每一兩準至元鈔五貫，白銀一兩，赤金一錢。元之鈔法，至是蓋三變矣。大抵至元鈔五倍於中統，至大鈔又五倍於至元。然未及期年，仁宗卽位，以倍數太多，輕重失宜，遂有罷銀鈔之詔。而中統、至元二鈔，終元之世，蓋常行焉。

凡鈔之昏爛者，至元二年，委官就交鈔庫，以新鈔倒換，除工墨三十文。三年，減爲二十文。二十二年，復增如故。其貫伯分明，微有破損者，並令行用，違者罪之。所倒之鈔，每季各路就令納課正官，解赴省部焚毀，隸行省者就焚之。大德二年，戶部定昏鈔爲二十五樣。泰定四年，又定焚毀之所，皆以廉訪司官監臨，隸行省者，行省官同監。其制之大略如此。

若錢，自九府圜法行于成周，歷代未嘗或廢。元之交鈔、寶鈔雖皆以錢爲文，而錢則弗之鑄也。武宗至大三年，初行錢法，立資國院、泉貨監以領之。其錢曰至大通寶者，一文準至大銀鈔一釐；曰大元通寶者，一文準至大通寶錢一十文。歷代銅錢，悉依古例，與至大錢通用。其當五、當三、折二，並以舊數用之。明年，仁宗復下詔，以鼓鑄弗給，新舊資用，其弊滋甚，與銀鈔皆廢不行，所立院、監亦皆罷革，而專用至元、中統鈔云。

歲印鈔數：

中統元年，中統鈔七萬三千三百五十二錠。二年，中統鈔三萬九千一百三十九錠。三年，中統鈔八萬錠。四年，中統鈔七萬四千錠。

至元元年，中統鈔八萬九千二百八錠。二年，中統鈔一十一萬六千二百八錠。三年，中統鈔七萬七千二百五十二錠。四年，中統鈔一十萬九千四百八十八錠。五年，中統鈔二萬九千八百八十錠。六年，中統鈔二萬二千八百九十六錠。七年，中統鈔九萬六千七百六十八錠。八年，中統鈔四萬七千錠。九年，中統鈔八萬六千二百五十六錠。十年，中統鈔一十一萬一百九十二錠。十一年，中統鈔二十四萬七千四百四十錠。十二年，中統鈔三十九萬八千一百九十四錠。十三年，中統鈔一百四十一萬九千六百六十五錠。十四年，中統鈔一百二萬一千六百四十五錠。十五年，中統鈔一百二萬三千四百錠。十六年，中統鈔七十八萬八千三百二十錠。十七年，中統鈔一百一十三萬五千八百錠。十八年，中統鈔一百九萬四千八百錠。十九年，中統鈔九十六萬九千四百四十四錠。二十年，中統鈔六十一萬六百二十錠。二十一年，中統鈔六十二萬九千九百四錠。二十二年，中統鈔二百四萬三千八十錠。二十三年，中統鈔二百一十八萬一千六百錠。二十四年，中統鈔八萬三千二百錠，至元鈔一百萬一千一十七錠。二十五年，至元鈔九十二萬一千六百一十二錠。二十六年，至元鈔一百七十八萬九十三錠。二十七年，至元鈔五十萬二百五十錠。二十八年，至元鈔五十萬錠。二十九年，至元鈔五十萬錠。三十年，至元鈔二十六萬錠。三十一年，至元鈔一十九萬三千七百六錠。

元貞元年，至元鈔三十一萬錠。二年，至元鈔四十萬錠。

大德元年，至元鈔四十萬錠。二年，至元鈔二十九萬九千九百一十錠。三年，至元鈔九十萬七十五錠。四年，至元鈔六十萬錠。五年，至元鈔五十萬錠。六年，至元鈔二百萬錠。七年，至元鈔一百五十萬錠。八年，至元鈔五十萬錠。九年，至元鈔五十萬錠。

十年，至元鈔一百萬錠。十一年，至元鈔一百萬錠。

至大元年，至元鈔一百萬錠。二年，至元鈔一百萬錠。三年，至大銀鈔一百四十五萬三百六十八錠。四年，至元鈔二百一十五萬錠，中統鈔一十五萬錠。

皇慶元年，至元鈔二百二十二萬二千三百三十六錠，中統鈔一十萬錠。二年，至元鈔二百萬錠，中統鈔二十萬錠。

延祐元年，至元鈔二百萬錠，中統鈔一十萬錠。二年，至元鈔一百萬錠，中統鈔一十萬錠。三年，至元鈔四十萬錠，中統鈔一十萬錠。四年，至元鈔四十八萬錠，中統鈔一十萬錠。五年，至元鈔四十萬錠，中統鈔一十萬錠。六年，至元鈔一百四十八萬錠，中統鈔一十萬錠。七年，至元鈔一百四十八萬錠，中統鈔一十萬錠。

至治元年，至元鈔一百萬錠，中統鈔五萬錠。二年，至元鈔八十萬錠，中統鈔五萬錠。三年，至元鈔七十萬錠，中統鈔五萬錠。

泰定元年，至元鈔六十萬錠，中統鈔一十五萬錠。二年，至元鈔四十萬錠，中統鈔一十萬錠。三年，至元鈔四十萬錠，中統鈔一十萬錠。四年，至元鈔四十萬錠，中統鈔一十萬錠。

天曆元年，至元鈔三十一萬九百二十錠，中統鈔三萬五百錠。二年，至元鈔一百一十九萬二千錠，中統鈔四萬錠。

校勘記

〔一〕總計官民荒熟田四十七萬(石)四千六百九十三頃　從道光本删。

〔二〕立社長官司長以教督農民爲事　按通制條格卷一六田令有「選立社長，官司並不得將社長差占別管餘事，專一照管教勸本社之人」。元典章卷二三立社同。此處「官司長」三字當是節錄中衍抄之文。

〔三〕及種蒔蓮藕雞頭菱(芡)〔角〕蒲葦等　據通制條格卷一六田令、元典章卷二三立社改。按芡卽雞頭。

〔四〕第一年五斗第三年一石二斗五升　按此中無第二年稅糧數。道光本據續通考增「第二年七斗五升」七字。

〔五〕命三省造船(二)〔三〕千艘於濟州河運糧　按永樂大典所收經世大典海運兩作「三千」，據改。

〔六〕又湖廣江西之糧運至眞州泊入海船船大底小亦非江中所宜　按「泊入海船」不文。經世大典海運有「又將湖廣、江西等處起運糧米至眞州泊水灣，與海船對裝。其海船重大底小，止可海內行使」。「泊」字與「入」字之間當脫「水灣，裝」或類似文字。

〔七〕溫台慶元船運糙粳香糯每石一十〔一〕兩五錢　按經世大典海運有「溫、台、慶元船運糙粳每石一十一兩五錢，香糯每石一十一兩五錢」，據補。新元史已校。

〔八〕自上海至(揚)〔楊〕村馬頭　從北監本改。按經世大典海運作「楊」。

〔九〕匾(檐)〔擔〕沙　據經世大典海運改。新元史已校。

〔一〇〕至者二百九十八萬六千一十七石　按經世大典海運作「二百九十八萬六千七百一十七石九斗七升八合」，疑此處脫「七百」二字。

〔一一〕至者二百六十三萬七千五十一石　按經世大典海運作「二百六十三萬七千七百五十一石八斗九升四合」，疑此處脫「七百」二字。

元史卷九十四

志第四十三

食貨二

歲課

山林川澤之產，若金、銀、珠、玉、銅、鐵、水銀、朱砂、碧甸子、鉛、錫、礬、硝、鹻、竹、木之類，皆天地自然之利，有國者之所必資也，而或以病民者有之矣。元興，因土人呈獻，而定其歲入之課，多者不盡收，少者不强取，非知理財之道者，能若是乎。

產金之所，在腹裏曰益都、檀、景，遼陽省曰大寧、開元，江浙省曰饒、徽、池、信，江西省曰龍興、撫州，湖廣省曰岳、澧、沅、靖、辰、潭、武岡、寶慶，河南省曰江陵、襄陽，四川省曰成都、嘉定，雲南省曰威楚、麗江、大理、金齒、臨安、曲靖、元江、羅羅、會川、建昌、德昌、柏興、烏撒、東川、烏蒙。

產銀之所，在腹裏曰大都、眞定、保定、雲州、般陽、晉寧、懷孟、濟南、寧海，遼陽省曰大寧，江浙省曰處州、建寧、延平，江西省曰撫、瑞、韶，湖廣省曰興國、郴州，河南省曰汴梁、安豐、汝寧，陝西省曰商州，雲南省曰威楚、大理、金齒、臨安、元江。

產珠之所，曰大都，曰南京，曰羅羅，曰水達達，曰廣州。

產玉之所，曰于闐，曰匪力沙。

產銅之所，在腹裏曰益都，遼陽省曰大寧，雲南省曰大理、澂江。

產鐵之所，在腹裏曰河東、順德、檀、景、濟南，江浙省曰饒、徽、寧國、信、慶元、台、衢、處、建寧、興化、邵武、漳、福、泉，江西省曰龍興、吉安、撫、袁、瑞、贛、臨江、桂陽，湖廣省曰沅、潭、衡、武岡、寶慶、永、全、常寧、道州，陝西省曰興元，雲南省曰中慶、大理、金齒、臨安、曲靖、澂江、羅羅、建昌。

產朱砂、水銀之所，在遼陽省曰北京，湖廣省曰沅、潭，四川省曰思州。

產碧甸子之所，曰和林，曰會川。

產鉛、錫之所，在江浙省曰鉛山、台、處、建寧、延平、邵武，江西省曰韶州、桂陽，湖廣省曰潭州。

產礬之所，在腹裏曰廣平、冀寧，江浙省曰鉛山、邵武，湖廣省曰潭州，河南省曰廬州、河南。

產硝、鹻之所，曰晉寧。若竹、木之產，所在有之，不可以所言也。

初，金課之興，自世祖始。其在益都者，至元五年，命于從剛、高興宗以漏籍民戶四千，於登州棲霞縣淘焉。十五年，又以淘金戶二千簽軍者，付益都、淄萊等路淘金總管府，依舊淘金。其課於太府監輸納。在遼陽者，至元十年，聽李德仁於龍山縣胡碧峪淘採，每歲納課金三兩。十三年，又於遼東雙城及和州等處採焉。在江浙者，至元二十四年，立提舉司，以建康等處淘金夫凡七千三百六十五戶隸之，所轄金場凡七十餘所。未幾以建康無金，革提舉司，罷淘金戶，其徽、饒、池、信之課，皆歸之有司。在江西者，至元二十三年，撫州樂安縣小曹周歲辦金一百兩。在湖廣者，至元二十年，撥常德、澧、辰、沅、(靜)〔靖〕民萬戶，〔一〕付金場轉運司淘焉。在四川者，元貞元年，以其病民罷之。在雲南者，至元十四年，諸路總納金一百五錠。此金課之興革可考者然也。

銀在大都者，至元十一年，聽王庭璧於檀州奉先等洞採之。十五年，令關世顯等於薊州豐山採之。在雲州者，至元二十七年，撥民戶於望雲煽煉，設從七品官掌之。二十八年，又開聚陽山銀場。二十九年，遂立雲州等處銀場提舉司。在遼陽者，延祐四年，惠州銀洞三十六眼，立提舉司辦課。在江浙者，至元二十一年，建寧南劍等處立銀場提舉司煽煉。

在湖廣者，至元二十三年，韶州路曲江縣銀場聽民煽煉，〔二〕每年輸銀三千兩。在河南者，延祐三年，李允直包羅山縣銀場，課銀三錠。四年，李珪等包霍丘縣豹子崖銀洞，課銀三十錠，其所得礦，大抵以十分之三輸官。此銀課之興革可考者然也。

珠在大都者，元貞元年，聽民於（揚）〔楊〕村、直沽口撈採，〔三〕命官買之。在南京者，至元十一年，命滅怯、安山等於宋阿江、阿爺苦江、忽呂古江採之。在廣州者，採於大步海。他如兀難、曲朶剌、渾都忽三河之珠，至元五年，徙鳳哥等戶撈焉。勝州、延州、乃延等城之珠，十三年，命朶魯不解等撈焉。此珠課之興革可考者然也。

玉在匪力沙者，至元十一年，迷兒、麻合馬、阿里三人言，淘玉之戶舊有三百，經亂散亡，存者止七十戶，其力不充，而匪力沙之地旁近有民戶六十，每同淘焉。於是免其差徭，與淘戶等所淘之玉，於忽都、勝忽兒、舍里甫丁三人所立水站，遞至京師。此玉課之興革可考者然也。

銅在益都者，至元十六年，撥戶一千，於臨朐縣七寶山等處採之。在遼陽者，至元十五年，撥採木夫一千戶，於錦、瑞州雞山、巴山等處採之。在澂江者，至元二十二年，撥漏籍戶於薩矣山煽煉，凡一十有一所。此銅課之興革可考者然也。

鐵在河東者，太宗丙申年，立爐於西京州縣，撥冶戶七百六十煽焉。丁酉年，立爐於交城縣，撥冶戶一千煽焉。至元五年，始立洞冶總管府。七年罷之。十三年，立平陽等路提舉司。十四年又罷之。其後廢置不常。大德十一年，聽民煽煉，官爲抽分。至武宗至大元年，復立河東都提舉司掌之。所隸之冶八：曰大通，曰興國，曰惠民，曰利國，曰益國，曰閏富，曰豐寧，豐寧之冶蓋有二云。在順德等處者，至元三十一年，撥冶戶六千煽焉。大德元年，設都提舉司掌之，其後亦廢置不常。至延祐六年，始罷兩提舉司，併爲順德廣平彰德等處提舉司。所隸之冶六：曰神德，曰左村，曰豐陽，曰臨水，曰沙窩，曰固鎭。在檀、景等處者，太宗丙申年，始於北京撥戶煽焉。中統二年，立提舉司掌之，其後亦廢置不常。大德五年，始併檀、景三提舉司爲都提舉司，所隸之冶有七：曰雙峯，曰暗峪，曰銀崖，曰大峪，曰五峪，曰利貞，曰錐山。在濟南等處者，中統四年，拘漏籍戶三千煽焉。至元五年，立洞冶總管府，其後亦廢置不常。至至大元年，復立濟南都提舉司，所隸之監有五：曰寶成，曰通和，曰昆吾，曰元國，曰富國。其在各省者，獨江浙、江西、湖廣之課爲最多。凡鐵之等不一，有生黃鐵，有生靑鐵，有靑瓜鐵，有簡鐵。每引二百斤。此鐵課之興革可考者然也。

朱砂、水銀在北京者，至元十一年，命蒙古都喜以恤品人戶於吉思迷之地採煉。〔四〕在湖廣者，沅州五寨蕭雷發等每年包納朱砂一千五百兩，羅管賽包納水銀二千二百四十兩。潭州安化縣每年辦朱砂八十兩、水銀五十兩。碧甸子在和林者，至元十年，命烏馬兒採之。

在會川者，二十一年，輸一千餘塊。此朱砂、水銀、碧甸子課之興革可考者然也。

鉛、錫在湖廣者，至元八年，辰、沅、靖等處轉運司印造錫引，每引計錫一百斤，官收鈔三百文，客商買引，赴各冶支錫販賣。無引者，比私鹽減等杖六十，其錫沒官。此鉛、錫課之興革可考者然也。

礬在廣平者，至元二十八年，路鵬舉獻磁州武安縣礬窰一十所，周歲辦白礬三千斤。在潭州者，至元十八年，李日新自具工本，於瀏陽永興礬場煎烹，每十斤官抽其二。在河南者，二十四年，立礬課所於無爲路，每礬一引重三十斤，價鈔五兩。此礬課之興革可考者然也。

竹之所產雖不一，而腹裏之河南、懷孟，〔五〕陝西之京兆、鳳翔，皆有在官竹園。國初，皆立司竹監掌之，每歲令稅課所官以時採斫，定其價爲三等，易于民間。至元四年，始命制國用使司印造懷孟等路司竹監竹引一萬道，每道取工墨一錢，凡發賣皆給引。至二十二年，罷司竹監，聽民自賣輸稅。明年，又用郭畯言，於衞州復立竹課提舉司，凡輝、懷、嵩、洛、京襄、益都、宿、蘄等處竹貨皆隸焉。〔六〕在官者辦課，在民者輸稅。二十三年，又命陝西竹課提領司差官於輝、懷辦課。二十九年，丞相完澤言：「懷孟竹課，頻年斫伐已損。課無所出，科民以輸。宜罷其課，長養數年。」世祖從之。此竹課之興革可考者也。若夫硝、鐮、木課，其興革無籍可考，故不著焉。

天曆元年歲課之數：

金課：

腹裏，四十錠四十七兩三錢。

江浙省，一百八十錠一十五兩一錢。

江西省，二錠四十兩五錢。

湖廣省，八十錠二十兩一錢。

河南省，三十八兩六錢。

四川省，麩金七兩二錢。

雲南省，一百八十四錠一兩九錢。

銀課：

腹裏，一錠二十五兩。

江浙省，一百一十五錠三十九兩二錢。

江西省，四百六十二錠三兩五錢。

湖廣省，二百三十六錠九兩。
雲南省，七百三十五錠三十四兩三錢。

銅課：
雲南省二千三百八十斤。

鐵課：
江浙省，額外鐵二十四萬五千八百六十七斤，課鈔一千七百三錠一十四兩。
江西省，二十一萬七千四百五十斤，課鈔一百七十六錠二十四兩。
湖廣省，二十八萬二千五百九十五斤。
河南省，三千九百三十斤。
陝西省，一萬斤。
雲南省，一十二萬四千七百一斤。

鉛錫課：
江浙省，額外鉛粉八百八十七錠九兩五錢，鉛丹九錠四十二兩二錢，黑錫二十四錠一十兩二錢。
江西省，錫一十七錠七兩。

湖廣省，鉛一千七百九十八斤。

礬課：

腹裏，三十三錠二十五兩八錢。

江浙省，額外四十二兩五錢。

河南省，額外二千四百一十四錠三十三兩一錢。

硝鹻課：

晉寧路，二十六錠七兩四錢。

竹木課：

腹裏，木六百七十六錠一十五兩四錢，額外木七十三錠二十五兩三錢；竹二錠四十兩，額外竹一千一百三錠二兩二錢。

江浙省，額外竹木九千三百五十五錠二十四兩。

江西省，額外竹木五百九十錠二十三兩三錢。

河南省，竹二十六萬九千六百九十五竿，板木五萬八千六百條，額外竹木一千七百四十八錠三十兩一錢。

鹽法

國之所資，其利最廣者莫如鹽。自漢桑弘羊始榷之，而後世未有遺其利者也。元初，以酒醋、鹽稅、河泊、金、銀、鐵冶六色，取課於民，歲定白銀萬錠。太宗庚寅年，始行鹽法，每鹽一引重四百斤，其價銀一十兩。世祖中統二年，減銀爲七兩。至元十三年既取宋，而江南之鹽所入尤廣，每引改爲中統鈔九貫。二十六年，增爲五十貫。元貞丙申，每引又增爲六十五貫。至大己酉至延祐乙卯，七年之間，累增爲一百五十貫。凡僞造鹽引者皆斬，籍其家產，付告人充賞。犯私鹽者徒二年，杖七十，止籍其財產之半；有首告者，於所籍之內以其半賞之。行鹽各有郡邑，犯界者減私鹽罪一等，以其鹽之半沒官，半賞告者。然歲辦之課，難易各不同。有因自凝結而取者，解池之顆鹽也。有煮海而後成者，河間、山東、兩淮、兩浙、福建等處之末鹽也。惟四川之鹽出於井，深者數百尺，汲水煮之，視他處爲最難。今各因其所產之地言之。

大都之鹽：太宗丙申年，初於白陵港、三叉沽、大直沽等處置司，設熬煎辦，每引有工本錢。世祖至元二年，又增寶坻三鹽場，竈戶工本，每引爲中統鈔三兩，與淸、滄等。八年，以大都民戶多食私鹽，因虧國課，驗口給以食鹽。十九年，罷大都及河間、山東三鹽運司，設戶部尚書、員外郎各一員，別給印，令於大都置局賣引，鹽商買引，赴各場關鹽發賣。每歲竈戶工本，省臺遣官逐季分給之。十九年，改立大都蘆臺越支三叉沽鹽使司一。二十五年，復立三叉〔沽〕、蘆臺、越支三鹽使司。〔七〕二十八年，增竈戶工本，每引爲中統鈔八兩。二十九年，以歲饑減鹽課一萬引，入京兆鹽運司添辦。大德元年，遂罷大都鹽運司，併入河間。

河間之鹽：太宗庚寅年，始立河間稅課所，置鹽場，撥竈戶二千三百七十六隸之，每鹽一袋，重四百斤。甲午年，立鹽運司。庚子年，改立提舉鹽榷所，歲辦三萬四千七百袋。癸卯年，改立提舉滄清鹽課使所，歲辦鹽九萬袋。定宗四年，改眞定河間等路課程所爲提舉鹽榷滄清鹽使所。憲宗二年，又改河間課程所爲提舉滄清深鹽使所。八年，每袋增鹽至四百五十斤。世祖中統元年，改立宣撫司提領滄清深鹽使所。四年，改滄清深鹽提領所爲轉運司。是年，辦銀七千六十五錠，米三萬三千三百餘石。至元元年，又增三之一焉。二年，改立河間都轉運司，歲辦九萬五千袋。七年，始定例歲煎鹽十萬引，辦課銀一萬錠。十二年，改立都轉運使司，添竈戶九百餘，增鹽課二十萬引。十八年，以河間竈戶勞苦，增工本爲中統鈔三貫。是年，又增竈戶七百八十六。十九年，罷河間都轉運司，改立清、滄鹽使司〔三〕〔二〕。〔八〕二十二年，復立河間等路都轉運鹽使司，增鹽課爲二十九萬六百引。二十三年，改立河間都轉運司，通辦鹽酒稅課。二十五年，增工本爲中統鈔五貫。二十七年，增竈戶四百七十，辦鹽三十五萬引。至大元年，又增至四十五萬引。延祐元年，以虧課，停煎五萬引。自是至天曆，皆歲辦四十萬引，所隸之場，凡二十有二。

山東之鹽：太宗庚寅年，始立益都課稅所，撥竈戶二千一百七十隸之，每銀一兩，得鹽四十斤。甲午年，立山東鹽運司。中統元年，歲辦銀二千五百錠。三年，命課稅隸山東都轉運司。四年，令益都山東民戶，月買食鹽三斤；竈戶逃亡者，招民戶補之。是歲，辦銀三千三百錠。至元二年，改立山東轉運司，辦課銀四千六百錠一十九兩。是年，戶部造山東鹽引。六年，增歲辦鹽爲七萬一千九百九十八引，自是每歲增之。至十二年，改立山東都轉運司，歲辦鹽一十四萬七千四百八十七引。十八年，增竈戶七百，又增鹽爲一十六萬五千四百八十七引，竈戶工本錢亦增爲中統鈔三貫。二十三年，歲辦鹽二十七萬一千七百四十二引。二十六年，減爲二十二萬引。大德十年，又增爲二十五萬引。至大元年之後，歲辦正、餘鹽爲三十一萬引，所隸之場，凡一十有九。

河東之鹽：出解州鹽池，池方一百二十里，每歲五月，場官伺池鹽生結，令夫搬撈鹽花。其法必値亢陽，池鹽方就，或遇陰雨，則不能成矣。太宗庚寅年，始立平陽府徵收課稅所，從實辦課，每鹽四十斤，得銀一兩。癸巳年，撥新降戶一千，命鹽使姚行簡等修理鹽池損壞處所。憲宗壬子年，又增撥一千八十五戶，歲撈鹽一萬五千引，辦課銀三千錠。世祖中統二年，初立陝西轉運司，仍置解鹽司於路村。三年，以太原民戶自煎小鹽，歲辦課銀一百五十錠。五年，又增小鹽課銀爲二百五十錠。至元三年，諭陝西四川，以所辦鹽課赴行制國用使司輸納，鹽引令制國用使司給降。四年，立陝西四川轉運司。六年，立太原提舉鹽使司，直隸制國用使司。十年，命撈鹽戶九百八十餘，每丁撈鹽一石，給工價鈔五錢。歲辦鹽六萬四千引，計中統鈔一萬一千五百二十錠。二十三年，改立陝西都轉運司，兼辦鹽、酒、醋、竹等課。二十九年，減大都鹽課一萬引，入京兆鹽司添辦。是年五月，又革京兆鹽司一，止存鹽運司。大德十一年，增歲額爲八萬二千引。至大元年，又增煎餘鹽爲二萬引，通爲一十萬二千引。延祐三年，以池爲雨所壞，止辦課鈔八萬二千餘錠。於是晉寧、陝西之民改食常仁紅鹽，〔九〕懷孟、河南之民改食滄鹽。五年，乃免河南、懷孟、南陽三路今歲陝西鹽課，仍授鹽運使暨所臨路府州縣正官兼知渠堰事，責以疏通壅塞。六年，改陝西運司爲河東解鹽等處都轉運鹽使司，直隸中書省。十月，罷陝西行省所委巡鹽官六十八員，添設通判一員，別鑄分司印二。又罷撈鹽提領二十員，改立提領所二，增餘鹽五百料。是年，實撈鹽一十八萬四千五百引。天曆二年，辦課鈔三十九萬五千三百九十五錠。

四川之鹽：爲場凡一十有二，爲井凡九十有五，在成都、夔府、重慶、敍南、嘉定、順慶、潼川、紹慶等路萬山之間。元初，設拘摧課稅所，分撥竈戶五千九百餘隸之，從實辦課。後爲鹽井廢壞，四川軍民多食解鹽。至元二年，立興元四川鹽運司，修理鹽井，仍禁解鹽不許過界。八年，罷四川茶鹽運司。十六年，復立之。十八年，併鹽課入四川道宣慰司。十九年，復立陝西四川轉運司，通辦鹽課。(三)〔二〕十二年，改立四川鹽茶運司，〔一〇〕分京兆運司爲二，歲煎鹽一萬四百五十一引。二十六年，一萬七千一百五十二引。皇慶元年，以竈戶艱辛，減煎餘鹽五千引。天曆二年，辦鹽二萬八千九百一十引，計鈔八萬六千七百三十錠。

遼陽之鹽：太宗丁酉年，始命北京路徵收課稅所，以大鹽泊硬鹽立隨車隨引載鹽之法，每鹽一石，價銀七錢半，帶納匠人米五升。癸卯年，合懶路歲辦課白布二千匹，恤品路布一千匹。至元四年，立開元等路運司。五年，禁東京懿州乞石兒硬鹽，不許過塗河界。是年，諭各位下鹽課如例輸納。二十四年，灤州四處鹽課，舊納羊一千者，亦令如例輸鈔。延祐二年，又命食鹽人戶，歲辦課鈔，每兩率加五焉。

兩淮之鹽：至元十三年命提舉馬里范張依宋舊例辦課，每引重三百斤，其價爲中統鈔八兩。十四年，立兩淮都轉運使司，每引始改爲四百斤。十六年，額辦五十八萬七千六百二十三引。十八年，增爲八十萬引。二十六年，減一十五萬引。三十年，以襄陽民改食揚州鹽，又增八千二百引。大德四年，諭兩淮鹽運司設關防之法，凡鹽商經批驗所發賣者，所官收批引牙錢，其不經批驗所者，本倉就收之。八年，以竈戶艱辛，遣官究議，停煎五萬餘引。天曆二年，額辦正餘鹽九十五萬七十五引，計中統鈔二百八十五萬二百二十五錠，所隸之場凡二十有九，其工本鈔亦自四兩遞增至十兩云。

兩浙之鹽：至元十四年，立運司，歲辦九萬二千一百四十八引。每引分作二袋，每袋依宋十八界會子，折中統鈔九兩。十八年，增至二十一萬八千五百六十二引。十九年，每引於舊價之上增鈔四貫。二十一年，置常平局，以平民間鹽價。二十三年，增歲辦爲四十五萬引。二十六年，減十萬引。三十年，置局賣鹽魚鹽於海濱漁所。三十一年，併煎鹽地四十四所爲三十四場。大德三年，立兩浙鹽運司檢校所四。五年，增額爲四十萬引。至大元年，又增餘鹽五萬引。延祐六年，罷四檢校所，立嘉興、紹興等處鹽倉官，三十四場各場監運官一員，歲辦五十萬引。七年，各運司鹽課以十分爲率，收白銀一分，每銀一錠，準鹽課四十錠。其工本鈔，浙西一十一場正鹽每引遞增至二十兩，餘鹽至二十五兩；浙東二十三場正鹽每引遞增至二十五兩，餘鹽至三十兩云。

福建之鹽：至元十三年，始收其課，爲鹽六千五十五引。十四年，立市舶司，兼辦鹽課。二十年，增至五萬四千二百引。二十四年，改立福建等處轉運鹽使司，歲辦鹽六萬引。二十九年，罷福建鹽運司及鹽使司，改立福建鹽課提舉司，增鹽爲七萬引。大德四年，復立鹽運司。九年，又罷之，併入本道宣慰司。十年，又立鹽課都提舉司，增鹽至十萬引。至大元年，又增至十三萬引。四年，改立福建鹽運司。至順元年，實辦課三十八萬七千七百八十三錠。其工本鈔，煎鹽每引遞增至二十貫，曬鹽每引至一十七貫四錢。所隸之場有七。

廣東之鹽：至元十三年，克廣州，因宋之舊，立提舉司，從實辦課。十六年，立江西鹽鐵茶都轉運司，所轄鹽使司六，各場立管勾。是年，辦鹽六百二十一引。二十二年，分江西鹽隸廣東宣慰司，歲辦一萬八百二十五引。二十三年，併廣東鹽司及市舶提舉司爲廣東鹽課市舶提舉司，每歲辦鹽一萬一千七百二十五引。大德四年，增至正餘鹽二萬一千九百八十二引。十年，又增至三萬引。十一年，三萬五千五百引。至大元年，又增餘鹽一萬五千引。延祐二年，歲煎五萬五百引。五年，又增至五萬五百五十二引。所隸之場凡十有三。

廣海之鹽：至元十三年，初立廣海鹽課提舉司，辦鹽二萬四千引。三十年，又立廣西石康鹽課提舉司。大德十年，增一萬一千引。至大元年，又增餘鹽一萬五千引。延祐二年，正餘鹽通爲五萬一百六十五引。

凡天下一歲總辦之數，唯天曆爲可考，今併著于後：

鹽，總二百五十六萬四千餘引。

鹽課鈔，總七百六十六萬一千餘錠。

茶法

榷茶始于唐德宗，至宋遂爲國賦，額與鹽等矣。元之茶課，由約而博，大率因宋之舊而爲之制焉。

世祖至元五年，用運使白賡言，榷成都茶，於京兆、鞏昌置局發賣，私自採賣者，其罪與私鹽法同。六年，始立西蜀四川監榷茶場使司掌之。十〔二〕〔三〕年，既平宋，復用左丞呂文煥言，榷江西茶，〔二〕以宋會五十貫準中統鈔一貫。十三年，定長引短引之法，以三分取一。長引每引計茶一百二十斤，收鈔五錢四分二釐八毫。短引計茶九十斤，收鈔四錢二分八毫。是歲，徵一千二百餘錠。十四年，取三分之半，增至二千三百餘錠。十五年，又增至六千六百餘錠。十七年，置榷茶都轉運司于江州，總江淮、荆湖、福廣之稅，而遂除長引，專用短引。每引收鈔二兩四錢五分，草茶每引收鈔二兩二錢四分。十八年，增額至二萬四千錠。十九年，以江南茶課官爲置局，令客買引，通行貨賣。歲終，增二萬錠。二十一年，廉運使言：「各處食茶課程，抑配于民，非便。」於是革之。而以其所革之數，於正課每引增一兩五分，通爲三兩五錢。二十三年，又以李起南言，增爲五貫。是年徵四萬錠。二十五年，改立江西等處都轉運司。二十六年，丞相桑哥增引稅爲一十貫。三十年，又改江南茶法。凡管茶提舉司一十六所，罷其課少者五所，併入附近提舉司。每茶商貨茶，必令賫引，無引者與私茶同。引之外，又有茶由，以給賣零茶者。初，每由茶九斤，收鈔一兩，至是自三斤至三十斤分爲十等，隨處批引局同，每引收鈔一錢。

元貞元年有獻利者言：「舊法江南茶商至江北者又稅之，其在江南賣者，亦宜更稅，如江北之制。」於是朝議復增江南課三千錠，而弗稅。是年凡征八萬三千錠。至大元年，以龍興、瑞州爲皇太后湯沐邑，其課入徽政院。四年，增額至一十七萬一千一百三十一錠。皇慶二年，更定江南茶法，又增至一十九萬二千八百六十六錠。延祐元年，改設批驗茶由局官。五年，用江西茶副法忽魯丁言，立減引添課之法，每引增稅爲一十二兩五錢，通辦鈔二十五萬錠。七年，遂增至二十八萬九千二百一十一錠。

天曆二年，始罷榷司而歸諸州縣，其歲征之數，蓋與延祐同。至順之後，無籍可考。他如范殿帥茶、西番大葉茶、建寧胯茶，亦無從知其始末，故皆不著。

酒醋課

元之有酒醋課，自太宗始。其後皆著定額，爲國賦之一焉，利之所入亦厚矣。初，太宗辛卯年，立酒醋務坊場官，榷沽辦課，仍以各州府司縣長官充提點官，隸徵收課稅所，其課額驗民戶多寡定之。甲午年，頒酒麴醋貨條禁，私造者依條治罪。世祖至元十六年，以大都、河間、山東酒醋商稅等課併入鹽運司。二十二年，詔免農民醋課。是年二月，命隨路酒課依京師例，每石取一十兩。三月，用右丞盧世榮等言，罷上都醋課，其酒課亦改榷沽之制，令酒戶自具工本，官司拘賣，每石止輸鈔五兩。二十八年，詔江西酒醋之課不隸茶運司，福建酒醋之課不隸鹽運司，皆依舊令有司辦之。二十九年，丞相完澤等言：「杭州省酒課歲辦二十七萬餘錠，湖廣、龍興歲辦止九萬錠，輕重不均。」於是減杭州省十分之二，令湖廣、龍興、南京三省分辦。

大德八年，大都酒課提舉司設槽房一百所。九年，併爲三十所，每所一日所醞，不許過二十五石之上。十年，復增三所。至大三年，又增爲五十四所。其制之可考者如此。若夫累朝以課程撥賜諸王公主及各寺者，凡九所云。

天下每歲總入之數：

酒課：

腹裏，五萬六千二百四十三錠六十七兩一錢。〔一三〕

遼陽行省，二千二百五十錠一十一兩二錢。

河南行省，七萬五千七十七錠一十一兩五錢。

陝西行省，一萬一千七百七十四錠三十四兩四錢。

四川行省，七千五百九十錠二十兩。

甘肅行省，二千七十八錠三十五兩九錢。

雲南行省，𧵳二十萬一千一百一十七索。

江浙行省，一十九萬六千六百五十四錠二十一兩三錢。

江西行省，五萬八千六百四十錠一十六兩八錢。

湖廣行省，五萬八千八百四十八錠四十九兩八錢。

醋課：

腹裏，三千五百七十六錠四十八兩九錢。

遼陽行省，三十四錠二十六兩五錢。

河南行省，二千七百四十錠三十六兩四錢。

陝西行省，一千五百七十三錠三十九兩二錢。

四川行省，六百一十六錠一十二兩八錢。

江浙行省，一萬一千八百七十錠一十九兩六錢。
江西行省，九百五十一錠二十四兩五錢。
湖廣行省，一千二百三十一錠二十七兩九錢。

商稅

商賈之有稅，本以抑末，而國用亦資焉。元初，未有定制。太宗甲午年，始立徵收課稅所，凡倉庫院務官并合干人等，命各處官司選有產有行之人充之。其所辦課程，每月赴所輸納。有貿易借貸者，並徒二年，杖七十；所官擾民取財者，其罪亦如之。世祖中統四年，用阿合馬、王光祖等言，凡在京權勢之家爲商賈，及以官銀賣買之人，並令赴務輸稅，入城不弔引者同匿稅法。至元七年，遂定三十分取一之制，以銀四萬五千錠爲額，有溢額者別作增餘。是年五月，以上都商旅往來艱辛，特免其課。凡典賣田宅不納稅者，禁之。二十年，詔各路課程，差廉幹官一員提調，增羨者遷賞，虧兑者陪償降黜。凡隨路所辦，每月以其數申部，違期不申及雖申不圓者，其首領官初犯罰俸，再犯決一十七，令史加一等，三犯正官取招呈省。其院務官俸鈔，於增餘錢內給之。是年，始定上都稅課六十分取一；舊城市肆院務遷入都城者，四十分取一。二十二年，又增商稅契本，每一道爲中統鈔三錢。減上都稅課，於一百兩之中取七錢半。二十六年，從丞相桑哥之請，遂大增天下商稅，腹裏爲二十萬錠，江南爲二十五萬錠。二十九年，定諸路輸納之限，不許過四孟月十五日。三十一年，詔天下商稅有增餘者，毋作額。元貞元年，用平章剌眞言，又增上都之稅。至大三年，契本一道復增作至元鈔三錢。逮至天曆之際，天下總入之數，視至元七年所定之額，蓋不啻百倍云。

商稅額數：

大都宣課提舉司，一十萬三千六錠一十一兩四錢。

大都路，八千二百四十二錠九兩七錢。

上都留守司，一千九百三十四錠五兩。

上都稅課提舉司，一萬五百二十五錠五兩。

興和路，七百七十錠一十七兩一錢。

永平路，二千二百七十二錠四兩五錢。

保定路，六千五百七錠二十三兩五錢。

嘉定路，〔一三〕一萬七千四百八錠三兩九錢。

順德路，二千五百七錠九兩九錢。
廣平路，五千三百七錠二十兩二錢。
彰德路，四千八百五錠四十二兩八錢。
大名路，一萬七百九十五錠八兩五錢。
懷慶路，四千九百四十九錠二兩。
衞輝路，三千六百六十三錠七兩。
河間路，一萬四百六十六錠四十七兩二錢。
東平路，七千一百四十一錠四十八兩四錢。
東昌路，四千八百七十九錠三十二兩。
濟寧路，一萬二千四百三錠四兩一錢。
曹州，六千一十七錠四十六兩三錢。
濮州，二千六百七十一錠七錢。
高唐州，四千二百五十九錠六兩。
泰安州，二千一十三錠二十五兩四錢。
冠州，七百三十八錠一十九兩七錢。

寧海州，九百四十四錠三錢。

德州，二千九百一十九錠四十二兩八錢。

益都路，九千四百七十七錠一十五兩。

濟南路，一萬二千七百五十二錠三十六兩六錢。

般陽路，三千四百八十六錠九兩。

大同路，八千四百三十八錠一十九兩一錢。

冀寧路，一萬七百一十四錠三十四兩六錢。

晉寧路，二萬一千三百五十九錠四十兩二錢。

嶺北行省，四百四十八錠四十五兩六錢。

遼陽行省，八千二百七十三錠四十一兩四錢。

河南行省，一十四萬七千四百二十八錠三十二兩三錢。

陝西行省，四萬五千五百七十九錠三十九兩二錢。

四川行省，一萬六千六百七十六錠四兩八錢。

甘肅行省，一萬七千三百六十一錠三十六兩一錢。

江浙行省，二十六萬九千二十七錠三十兩三錢。

江西行省，六萬二千五百一十二錠七兩三錢。

湖廣行省，六萬八千八百四十四錠九兩九錢。

市舶

互市之法，自漢通南粤始，其後歷代皆嘗行之，至宋置市舶司于浙、廣之地，以通諸蕃貨易，則其制爲益詳矣。

元自世祖定江南，凡隣海諸郡與蕃國往還互易舶貨者，其貨以十分取一，粗者十五分取一，以市舶官主之。其發舶迴帆，必著其所至之地，驗其所易之物，給以公文，爲之期日，大抵皆因宋舊制而爲之法焉。於是至元十四年，立市舶司一於泉州，令忙古觮領之。立市舶司三於慶元、上海、澉浦，令福建安撫使楊發督之。每歲招集舶商，於蕃邦博易珠翠香貨等物。及次年迴帆，依例抽解，然後聽其貨賣。

時客船自泉、福販土産之物者，其所徵亦與蕃貨等，上海市舶司提控王楠以爲言，於是定雙抽、單抽之制。雙抽者蕃貨也，單抽者土貨也。十九年，又用耿左丞言，以鈔易銅錢，令市舶司以錢易海外金珠貨物，仍聽舶戶通販抽分。二十年，遂定抽分之法。是年十月，忙古觮言，舶商皆以金銀易香木，於是下令禁之，唯鐵不禁。

二十一年，設市舶都轉運司於杭、泉二州，官自具船、給本，選人入蕃，貿易諸貨。其所獲之息，以十分爲率，官取其七，所易人得其三。凡權勢之家，皆不得用己錢入蕃爲賈，犯者罪之，仍籍其家產之半。其諸蕃客旅就官船賣買者，依例抽之。

二十二年，併福建市舶司入鹽運司，改曰都轉運司，領福建漳、泉鹽貨市舶。二十三年，禁海外博易者，毋用銅錢。二十五年，又禁廣州官民，毋得運米至占城諸蕃出（羅）〔糶〕。〔四〕二十九年，命市舶驗貨抽分。是年十一月，中書省定抽分之數及漏稅之法。凡商旅販泉、福等處已抽之物，於本省有市舶司之地賣者，細色於二十五分之中取一，粗色於三十分之中取一，免其輸稅。其就市舶司買者，止於賣處收稅，而不再抽。漏舶物貨，依例斷沒。三十年，又定市舶抽分雜禁，凡二十（一）〔二〕條，〔五〕條多不能盡載，擇其要者錄焉。泉州、上海、澉浦、溫州、廣東、杭州、慶元市舶司凡七所，獨泉州於抽分之外，又取三十分之一以爲稅。自今諸處，悉依泉州例取之，仍以溫州市舶司併入慶元，杭州市舶司併入稅務。凡金銀銅鐵男女，並不許私販入蕃。行省行泉府司、市舶司官，每年於迴帆之時，皆前期至抽解之所，以待舶船之至，先封其堵，以次抽分，違期及作弊者罪之。

三十一年，成宗詔有司勿拘海船，聽其自便。元貞元年，以舶船至岸，隱漏物貨者多，命就海中逆而閱之。二年，禁海商以細貨於馬八兒、唄喃、梵答剌亦納三蕃國交易，別出鈔五萬錠，令沙不丁等議規運之法。大德元年，罷行泉府司。二年，併澉浦、上海入慶元市舶提舉司，直隸中書省。是年，又置制用院，七年，以禁商下海罷之。至大元年，復立泉府院，整治市舶司事。二年，罷行泉府院，以市舶提舉司隸行省。四年，又罷之。延祐元年，復立市舶提舉司，仍禁人下蕃，官自發船貿易，迴帆之日，細物十分抽二，粗物十五分抽二。七年，以下蕃之人將絲銀細物易于外國，又併提舉司罷之。至治二年，復立泉州、慶元、廣東三處提舉司，申嚴市舶之禁。三年，聽海商貿易，歸徵其稅。泰定元年，諸海船至者，止令行省抽分。其大略如此。

若夫中買寶貨之制，泰定三年命省臣依累朝呈獻例給價。天曆元年，以其蠹耗國財，詔加禁止，凡中獻者以違制論云。

額外課

元有額外課。謂之額外者，歲課皆有額，而此課不在其額中也。然國之經用，亦有賴焉。課之名凡三十有二：其一曰曆日，二曰契本，三曰河泊，四曰山場，五曰窰冶，六曰房地租，七曰門攤，八曰池塘，九曰蒲葦，十曰食羊，十一曰荻葦，十二曰煤炭，十三曰撞岸，十四曰山查，十五曰麯，十六曰魚，十七曰漆，十八曰酵，十九曰山澤，二十曰蕩，二十一曰柳，二十二曰牙例，二十三曰乳牛，二十四曰抽分，二十五曰蒲，二十六曰魚苗，二十七曰柴，二十八曰羊皮，二十九曰磁，三十曰竹葦，三十一曰薑，三十二曰白藥。其歲入之數，唯天曆元年可考云。

曆日：總三百一十二萬三千一百八十五本，計中統鈔四萬五千九百八十錠三十二兩五錢。內腹裏，七萬二千一十本，計鈔八千五百七十錠三十一兩一錢；行省，二百五十五萬一千一百七十五本，〔一六〕計鈔三萬七千四百一十錠一兩四錢。大曆，二百二十萬二千二百三本，每本鈔一兩，計四萬四千四十四錠三兩。小曆，九十一萬五千七百二十五本，每本鈔一錢，計一千八百三十一錠三十二兩五錢。〔一七〕回回曆，五千二百五十七本，每本鈔一兩，計一百五錠七兩。

契本：總三十萬三千八百道，每道鈔一兩五錢，計中統鈔九千一百一十四錠。內腹裏，六萬八千三百三十二道，計鈔二千四十九錠四十八兩；行省，二十三萬五千四百六十八道，計鈔七千六十四錠二兩。

河泊課：總計鈔五萬七千六百四十三錠二十三兩四錢。內腹裏，四百六錠四十六兩二錢；行省，五萬七千二百三十六錠二十七兩一錢。

山場課：總計鈔七百一十九錠四十九兩一錢。內腹裏，二百三十九錠一十三兩四錢；行省，四百八十錠三十五兩六錢。

窰冶課：總計鈔九百五十六錠四十五兩九錢。內腹裏，一百九十七錠三十二兩四錢；行省，七百五十九錠一十三兩。

房地租錢：總計鈔一萬二千五十三錠四十八兩四錢。內腹裏，九百六十六錠五兩三錢；行省，一萬一千八十七錠四十三兩一錢。

門攤課：總計鈔二萬六千八百九十九錠一十九兩一錢。內湖廣省，二萬六千一百六十七錠三兩四錢；江西省，三百六十錠一兩五錢；河南省，三百七十二錠一十四兩一錢。

池塘課：總計鈔一千九錠二十六兩五錢。內江浙省，二十四錠二十二兩七錢；江西省，九百八十五錠三兩八錢。

蒲葦課：總計鈔六百八十六錠三十三兩四錢。內腹裏，一百四十一錠五兩八錢；行省，五百四十五錠二十七兩六錢。

食羊等課：總計鈔一千七百六十錠二十九兩七錢。內大都路，四百三十八錠；上都路，三百錠；興和路，三百錠；大同路，三百九十三錠；羊市，二百二十九錠二十九兩七錢；煤木所，一百錠。

荻葦課：總計鈔七百二十四錠六兩九錢。內河南省，六百四十四錠五兩八錢；江西省，八十錠一兩八錢。

煤炭課：總計鈔二千六百一十五錠二十六兩四錢。內大同路，一百二十九錠一兩九錢；煤木所，二千四百九十六錠二十四兩五錢。

撞岸課：總計鈔一百八十六錠三十七兩五錢。內般陽路，一百六十錠二十四兩；寧海州，二十六錠一十三兩五錢；恩州，一十三兩八錢。〔一八〕

山查課：總計鈔七十五錠二十六兩四錢。內眞定路一錠二十五兩八錢；廣平路，四十錠五兩一錢；大同路，三十三錠四十五兩四錢。

麯課：江浙省鈔五十五錠三十七兩四錢。

魚課：江浙省鈔一百四十三錠四十兩四錢。

漆課：總計鈔一百一十二錠二十六兩。內四川省廣元路一百一十一錠二十五兩八錢。

酵課：總計鈔二十九錠三十七兩八錢。內腹裏永平路二十三錠二十五兩四錢；江西行省，六錠一十二兩五錢。

山澤課：總計鈔二十四錠二十一兩一錢。內彰德路，一十三錠四十兩；懷慶路，一十錠三十一兩一錢。

蕩課：平江路，八百八十六錠七錢。
柳課：河間路，四百二錠一十四兩八錢。
牙例課：河間路，二百八錠三十三兩八錢。
乳牛課：眞定路，二百八錠三十兩。
抽分課：黃州路，一百四十四錠四十四兩五錢。
蒲課：晉寧路，七十二錠。
魚苗課：龍興路，六十五錠八兩五錢。
柴課：安豐路，三十五錠一十一兩七錢。
羊皮課：襄陽路，一十錠四十八兩八錢。
磁課：冀寧路，五十八錠。
竹葦課：奉元路，三千七百四十六錠三兩六錢。
薑課：興元路，一百六十二錠二十七兩九錢。
白藥課：彰德路，一十四錠二十五兩。

校勘記

〔一〕常德澧辰沅(靜)〔靖〕民　見卷一校勘記〔一四〕。

〔二〕在湖廣者至韶州路曲江縣銀場聽民煽煉　按韶州路屬江西行省，不屬湖廣，此處史文有脫誤。

〔三〕聽民於(揚)〔楊〕村直沽口撈採　見卷九三校勘記〔八〕。

〔四〕吉思迷之地　本書卷五、六、八世祖紀至元元年十一月辛巳、至元二年三月癸酉、至元十二年二月甲辰條有「吉里迷」，此處「思」當爲「里」之誤。吉里迷，部族名。

〔五〕腹裏之河南懷孟　按本書卷五八地理志，中書省統山東西、河北之地，謂之腹裏。河南府不屬腹裏。此「河南」或係「河間」之誤。

〔六〕輝懷嵩洛京襄益都宿蘄等處　「京」，北監本作「荆」。又「蘄」原作「开」，係「蘄」字俗寫，今改用正體字。

〔七〕三叉(沽)蘆臺越支　據本書多見之文補。

〔八〕十九年罷河間都轉運司改立清滄鹽使司(工)〔二〕　按本書卷八五百官志，十九年以戶部尚書行河間等路都轉運使司，尋罷，改立清、滄二鹽使司。「工」「二」形近而訛，今改。

〔九〕於是晉寧陝西之民改食常仁紅鹽　按本書卷九七食貨志鹽法，仍至元二年陝西行臺會請令陝西之民改食「韋紅鹽」。「常仁紅鹽」疑係「韋紅鹽」之誤。

〔一〇〕(三)〔二〕十二年改立四川鹽茶運司　按至元紀元止三十一年，無「三十二年」。本書卷九一百官志有「二十二年，置四川茶鹽運司」。「三十二」誤，從道光本改。

〔一一〕十(二)〔三〕年既平宋復用左丞呂文煥言榷江西茶　按平宋在至元十三年。元文類卷四〇經世大典序錄茶法有「十三年，江南平，左丞呂文煥首以主茶稅爲言」。據改。

〔一二〕五萬六千二百四十三錠六十七兩一錢　按元制，鈔五十兩爲一錠。此數實指五萬六千二百四十四錠一十七兩一錢。疑此處史文有誤。

〔一三〕嘉定路　按此處所列商稅額數，自大都宣課提舉司至晉寧路皆腹裏諸路，不應有四川行省之嘉定路。疑「嘉定」爲「眞定」之誤。

〔一四〕至占城諸蕃出(糴)〔糶〕　從道光本改。

〔一五〕凡二十(一)〔二〕條　按元典章卷二二市舶則法條作「二十二件」，具體條文亦二十二則，據改。

〔一六〕曆日總三百一十二萬三千一百八十五本至內腹裏七萬二千一十本計鈔八千五百七十錠三十一兩一錢行省二百五十五萬一千一百七十五本　按腹裏本數與行省本數之和僅得二百六十二萬三千一百八十五，與總數不符，少五十萬本。又腹裏本數內，大曆、小曆、回回曆應全有。卽令全爲大曆與回回曆，其價每本鈔一兩，總值亦遠不及八千五百七十錠。短少之五十萬本之數當在腹裏本數內，腹裏本數應爲五十七萬二千一十本。此處「七萬二千一十本」七字之上當脫

「五十」二字。

〔一七〕小曆九十一萬五千七百二十五本每本鈔一錢計一千八百三十一錠三十二兩五錢　按以每本鈔價乘本數，得九萬一千五百七十二兩五錢。鈔五十兩爲一錠，卽一千八百三十一錠二十二兩五錢。此處「三十二兩」應作「二十二兩」。

〔一八〕總計鈔一百八十六錠三十七兩五錢內般陽路一百六十錠二十四兩寧海州二十六錠一十三兩五錢恩州一十三兩八錢　按般陽路、寧海州二細數之和已與總計數等，總計數當係漏計恩州數額。

元史卷九十五

志第四十四

食貨三

歲賜

自昔帝王於其宗族姻戚必致其(後)〔厚〕者，〔一〕所以明親親之義也。元之爲制，其又厚之至者歟。凡諸王及后妃公主，皆有食采分地。其路府州縣得薦其私人以爲監，秩祿受命如王官，而不得以歲月通選調。其賦則五戶出絲一斤，不得私徵之，皆輸諸有司之府，視所當得之數而給與之。其歲賜則銀幣各有差，始定於太宗之時，而增於憲宗之日。及世祖平江南，又各益以民戶。時科差未定，每戶折支中統鈔五錢，至成宗復加至二貫。其親親之義若此，誠可謂厚之至矣。至於勳臣亦然，又所以大報功也。故詳著其所賜之人，及其數之多寡于後。

諸王

太祖叔答里眞官人位：

歲賜，銀三十錠，段一百匹。

五戶絲，丙申年，分撥寧海州一萬戶。延祐六年，實有四千五百三十二戶，計絲一千八百一十二斤。

江南戶鈔，至元十八年，撥南豐州一萬一千戶，計鈔四百四十錠。

太祖弟搠只哈撒兒大王〔子〕淄川王位：〔一〕

歲賜，銀一百錠，段三百匹。

五戶絲，丙申年，分撥般陽路二萬四千四百九十三戶。延祐六年，實有七千九百五十四戶，計絲三千六百五十六斤。

江南戶鈔，至元十三年，分撥信州路三萬戶，計鈔一千二百錠。

太祖弟哈赤溫大王子濟南王位：

歲賜，銀一百錠，綿六百二十五斤，小銀色絲五千斤，段三百匹，羊皮一千張。

五戶絲，丙申年，分撥濟南路五萬五千二百戶。延祐六年，實有二萬一千七百八十五戶，計絲九千六百四十八斤。

江南戶鈔，至元十八年，分撥建昌路六萬五千戶，計鈔二千六百錠。

太祖弟斡眞那顏位：

歲賜，銀一百錠，絹五千九十八匹，綿五千九十八斤，段三百匹，諸物折中統鈔一百二十錠，羊皮五百張，金一十六錠四十五兩。

五戶絲，丙申年，分撥益都路等處六萬二千一百五十六戶。延祐六年，實有二萬八千三百一戶，計絲一萬一千四百二十五斤。

江南戶鈔，至元十八年，分撥建寧路七萬一千三百七十七戶，計鈔二千八百五十五錠。

太祖弟孛羅古解大王子廣寧王位：〔三〕

歲賜，銀一百錠，段三百匹。

五戶絲，丙申年，分撥恩州一萬一千六百三戶。〔四〕延祐六年，實有二千四百二十戶，計絲一千三百五十九斤。

江南戶鈔，至元十八年，分撥鉛山州一萬八千戶，〔五〕計鈔七百二十錠。

太祖長子朮赤大王位：

歲賜，段三百匹，常課段一千匹。

五戶絲，丙申年，分撥平陽四萬一千三百二戶。戊戌年，眞定晉州一萬戶。

江南戶鈔，至元十八年，分撥永州六萬戶，計鈔二千四百錠。

太祖次子茶合鰐大王位：

歲賜，銀一百錠，段三百匹，綿六百二十五斤，常課金六錠六兩。

五戶絲，丙申年，分撥太原四萬七千三百三十戶。戊戌年，眞定深州一萬戶。延祐六年，實有一萬七千二百一十一戶，計絲六千八百三十八斤。

江南戶鈔，至元十八年，分撥澧州路六萬七千三百三十戶，計鈔二千六百九十三錠。

太祖第三子太宗子定宗位：

歲賜，銀一十六錠三十三兩，段五十匹。

五戶絲，丙申年，分撥大名六萬八千五百九十三戶。延祐六年，實有一萬二千八百三十五戶，計絲五千一百九十三斤。

太祖第四子睿宗子阿里不哥大王位：

歲賜，銀一百錠，段三百匹。

五戶絲，丙申年，分撥眞定路八萬戶。延祐六年，實有一萬五千二十八戶，計絲五千一十三斤。

江南戶鈔，至元十八年，分撥撫州路一十萬四千戶，計鈔四千一百六十錠。

太祖第五子兀魯赤太子。無嗣。

太祖第六子闊列堅太子子河間王位：

歲賜，銀一百錠，段三百匹。

五戶絲，丙申年，分撥河間路四萬五千九百三十戶。延祐六年，實有一萬一百四十戶，計絲四千四百七十九斤。

江南戶鈔，至元十八年，分撥衡州路五萬三千九百三十戶，計鈔二千一百五十七錠。

太宗子合丹大王位：

歲賜，銀一十六錠三十三兩，段五十匹。

五戶絲，丁巳年，分撥汴梁在城戶。至元三年，改撥鄭州。延祐六年，實有二千三百五十六戶，計絲九百三十六斤。

江南戶鈔，至元十八年，分撥常寧州二千五百戶，計鈔一百錠。

太宗子滅里大王位：

歲賜，銀一十六錠三十三兩，段五十匹。

五戶絲，丁巳年，分撥汴梁在城戶。至元三年，改撥鈞州一千五百八十四戶。延祐六年，實有二千四百九十六戶，計絲九百九十七斤。

太宗子合失大王位：

歲賜，銀一十六錠三十三兩，段五十匹。

五戶絲，丁巳年，分撥汴梁路在城戶。至元三年，改撥蔡州三千八百一十六戶。延祐六年，實有三百八十八戶，計絲一百五十四斤。

太宗子闊出太子位：

歲賜，銀六十六錠三十三兩，段一百五十匹。

五戶絲，丁巳年，分撥汴梁路在城戶。至元三年，改撥睢州五千二百一十四戶。延祐六年，實有一千九百三十七戶，計絲七百六十四斤。

太宗子闊端太子位：

歲賜，銀一十六錠三十三兩，段五十匹。

五戶絲，丙申年，分撥東（京）〔平〕路四萬七千七百四十一戶。〔六〕延祐六年，實有一萬七千八百二十五戶，計絲三千五百二十四斤。

江南戶鈔，至元十八年，分撥常德路四萬七千七百四十戶，計鈔一千九百九錠。

睿宗長子憲宗子阿速台大王位：

歲賜，銀八十二錠，段三百匹。

又泰定二年，晃兀帖木兒大王改封幷王，增歲賜銀一十錠，班禿大王銀八錠。

又泰定三年，明里忽都魯皇后位下，添歲賜中統鈔一千錠，段五十匹，絹五十匹。

五戶絲，癸丑年，查過衞輝路三千三百四十二戶。延祐六年，實有二千二百八十戶，計絲九百一十六斤。

睿宗子世祖次子裕宗位：

裕宗妃伯藍也怯赤：

歲賜，銀五十錠。

江南戶鈔，延祐三年，分撥江州路德化縣二萬九千七百五十戶，計鈔一千一百九十錠。

五戶絲，丁巳年，分撥懷孟一萬一千二百七十三戶。

裕宗子順宗子武宗：

江南戶鈔，大德八年，分撥瑞州路六萬五千戶，計鈔二千六百錠。

睿宗子旭烈大王位：

歲賜，銀一百錠，段三百匹。

五戶絲，丁巳年，分撥彰德路二萬五千五十六戶。延祐六年，實有二千九百二十九戶，計絲二千二百一斤。

睿宗子阿里不哥大王位。見前。

睿宗子末哥大王位：

歲賜，銀五十錠，段三百匹。

五戶絲，丁巳年，分撥河南府五千五百五十二戶。延祐六年，實有八百九戶，計絲三百三十三斤。

江南戶鈔，至元十八年，分撥茶陵州八千五十二戶，計鈔三百二十四錠。

睿宗子撥綽大王位：

歲賜，銀五十錠，段三百匹。

五戶絲，丁巳年，分撥眞定蠡州三千三百四十七戶。延祐六年，實有一千四百七十二戶，計絲六百一十二斤。

江南戶鈔，至元十八年，分撥耒陽州五千三百四十七戶，計鈔二百一十三錠。

睿宗子歲哥都大王位：

五戶絲，壬子年，元查認濟南等處五千戶。延祐六年，實有五十戶，計絲二十斤。

世祖長子朶兒只太子位：

腹裏、江南無分撥戶。

世祖次子裕宗后位：

歲賜，段一千匹，絹一千匹。

江南戶鈔，至元十八年，分撥龍興路一十萬五千戶，計鈔四千二百錠。

又四怯薛伴當江南戶鈔，至元十八年，撥瑞州上高縣八千戶，計鈔三百三十錠。

世祖次子安西王忙哥剌位：

歲賜，段一千匹，絹一千匹。

江南戶鈔，至元十八年，分撥吉州路六萬五千戶，計鈔二千六百錠。

世祖次子北安王那木罕位：

歲賜，段一千匹，絹一千匹。

江南戶鈔，至元二十二年，分撥臨江路六萬五千戶，計鈔二千六百錠。

世祖次子（平）〔寧〕遠王闊闊出位：〔七〕

歲賜，段匹物料，折鈔一千六百五十六錠；銀五十錠，折鈔一千錠。

江南戶鈔，泰定元年，分撥永福縣一萬三千六百四戶，計鈔五百四十四錠。

世祖次子西平王奧魯赤位：

歲賜，段匹物料，折鈔一千六百五十六錠；銀五十錠，折鈔一千錠。

江南戶鈔，大德七年，分撥南恩州一萬三千六百四戶，計鈔五百四十四錠。

世祖次子愛牙赤大王位：

歲賜，銀五十錠，折鈔一千錠；段匹物料，折鈔一千六百五十六錠。

江南戶鈔，皇慶元年，分撥邵武路光澤縣一萬三千六百四戶，計鈔五百四十四錠。

世祖次子鎮南王脫歡位：

歲賜，銀五十錠；段匹物料，折鈔一千六百五十六錠。

江南戶鈔，皇慶元年，分撥福州路寧德縣一萬三千六百四戶，計鈔五百四十四錠。

世祖次子雲南王忽哥赤位：

歲賜，銀五十錠，折鈔一千錠；段匹物料，折鈔一千六百五十六錠。

江南戶鈔，皇慶元年，分撥福州路福安縣一萬三千六百四戶，計鈔五百四十四錠。

世祖次子忽都怗木兒太子位：

歲賜，銀五十錠，折鈔一千錠；段匹物料，折鈔一千六百五十六錠。

江南戶鈔，皇慶元年，分撥泉州路南安縣一萬三千六百四戶，計鈔五百四十四錠。

裕宗長子晉王甘麻剌位：

歲賜，段一千匹，絹一千匹。

又朶兒只，延祐元年爲始，年例支中統鈔一千錠。

五戶絲，闊闊不花所管益都二十九戶。

江南戶鈔，皇慶元年，分撥南康路六萬五千戶。

又迭里哥兒不花湘寧王分撥湘鄉〔州、寧鄉〕縣六萬五千戶，〔八〕計鈔二千六百錠。

順宗子阿木哥魏王位：

江南戶鈔，皇慶元年，分撥慶元路六萬五千戶，計鈔二千六百錠。

順宗子武宗子明宗位：

江南戶鈔，延祐二年，分撥湘潭州六萬五千戶，計鈔二千六百錠。

合丹大王位：

五戶絲，戊午年，分撥濟南漏籍二百戶。延祐六年，實有一百九十三戶，計絲七十七斤。

阿魯渾察大王：

五戶絲，丁巳年，分撥廣平三十戶。延祐三年，實有五戶，計絲二斤。

霍里極大王：

五戶絲，丁巳年，分撥廣平等處一百五十戶。延祐三年，實有八十七戶，計絲三十四斤。

阿剌忒納失里豫王：

天曆元年，分撥江西行省南康路。

后妃公主

太祖四大斡耳朵：

大斡耳朵：

歲賜，銀四十三錠，紅紫羅二十匹，染絹一百匹，雜色絨五千斤，針三千箇，段七十五匹，常課段八百匹。

五戶絲，乙卯年，分撥保定路六萬戶。延祐六年，實有一萬二千六百九十三戶，計絲五千二百七斤。

江南戶鈔，至元十八年，分撥贛州路二萬戶，計鈔八百錠。

第二斡耳朵：

歲賜，銀五十錠，段七十五匹，常課段一千四百九十匹。

五戶絲，丁巳年，分撥河間青城縣二千九百戶。延祐六年，實有一千五百五十六戶，計絲六百五十七斤。

江南戶鈔，至元十八年，分撥贛州路一萬五千戶，計鈔六百錠。

第三斡耳朵：

歲賜，銀五十錠，段七十五匹，常課段六百八十二匹。

五戶絲，壬子年，查認過眞定等處畸零三百一十八戶。延祐六年，實有一百二十一戶，計絲四十八斤。

江南戶鈔，至元十八年，分撥贛州路二萬一千戶，計鈔八百四十錠。

第四斡耳朵：

歲賜，銀五十錠，段七十五匹。

五戶絲，壬子年，分撥眞定等處二百八十三戶。延祐六年，實有一百一十六戶，計絲四十六斤。

又八不別及妃子位，至元二十五年，分撥河間清州五百一十戶，計絲二百四斤。

世祖四斡耳朵：

大斡耳朵：

歲賜，銀五十錠。

江南戶鈔，大德三年，分撥袁州路宜春縣一萬戶，計鈔一千六百錠。

第二斡耳朶：

歲賜，銀五十錠，又七錠，段一百五十匹。

江南戶鈔，至元二十一年，分撥袁州路分宜縣四千戶，計鈔一百六十錠。大德四年，分撥袁州路萍鄉州四萬二千戶，計鈔一千六百八十錠。

第三斡耳朶：

歲賜，銀五十錠。

江南戶鈔，大德十年，分撥袁州路宜春縣二萬九千七百五十戶，計鈔一千一百九十錠。

第四斡耳朶：

歲賜，銀五十錠。

江南戶鈔，大德十年，分撥袁州路萬載縣三萬九千七百五十戶，計鈔一千一百九十錠。

順宗后位：

歲賜，段五百匹。

江南戶鈔，大德二年，分撥三萬二千五百戶。

武宗斡耳朶：

眞哥皇后位：

歲賜，銀五十錠，鈔五百錠。

江南戶鈔，延祐二年，分撥湘陰州四萬二千戶，計鈔一千六百八十錠。

完者台皇后位：

歲賜，銀五十錠。

江南戶鈔，延祐二年，分撥潭州路衡山縣二萬九千七百五十戶，計鈔一千一百九十錠。

阿昔倫公主位：

至元六年，分撥葭州等處種田三百戶。

趙國公主位：

五戶絲，丙申年，分撥高唐州二萬戶。延祐六年，實有六千七百二十九戶，計絲二千三百九十九斤。

江南戶鈔，至元十八年，分撥柳州路二萬七千戶，計鈔一千八十錠。

魯國公主位：

五戶絲，丙申年，分撥濟寧路三萬戶。延祐六年，實有六千五百三十戶，計絲二千二百九斤。

江南戶鈔，至元十八年，分撥汀州四萬戶，計鈔一千六百錠。

昌國公主位：

五戶絲，丙申年，分撥一萬二千六百五十二戶。延祐六年，實有三千五百三十一戶，計絲二千七百六十六斤。

江南戶鈔，至元十八年，分撥廣州路二萬七(十)〔千〕戶，計鈔一千八十錠。〔九〕

鄆國公主位：

五戶絲，丙申年，分撥濮州三萬戶。延祐六年，實有五千九百六十八戶，計絲一千八百三十六斤。

江南戶鈔，至元十八年，分撥橫州等處四萬戶，計鈔一千六百錠。

塔出駙馬：

五戶絲，壬子年，元查眞定等處畸零二百七十戶。延祐六年，實有二百三十二戶，計絲九十五斤。

帶魯罕公主位：

歲賜，銀四錠八兩，段一十二匹。

五戶絲，延祐六年，實有代支戶六百三十戶，計絲二百五十四斤。

(大)〔火〕雷公主位：〔一〇〕

五戶絲，丙申年，分撥延安府九千七百九十六戶。延祐六年，實有代支戶一千八百九戶，計絲七百二十二斤。

奔忒古兒駙馬：

五戶絲，庚辰年，分撥眼戶五百七十三戶。〔一一〕延祐六年，實有五十六戶，計絲二十二斤。

獨木干公主位：

五戶絲，丁巳年，分撥平陽一千一百戶。延祐六年，實有五百六十戶，計絲二百二十四斤。

江南戶鈔，至元十八年，分撥梅州程鄉縣一千四百戶，計鈔五十六錠。

勳臣

木華黎國王：

五戶絲，丙申年，分撥東平三萬九千一十九戶。延祐六年，實有八千三百五十四戶，計絲三千三百四十三斤。

江南戶鈔，至元十八年，分撥韶州等路四萬一千一十九戶，計（絲）〔鈔〕一千六百四十（斤）〔錠〕。〔一〕

孛羅先鋒：

五戶絲，丙申年，分撥廣平等處種田一百戶。延祐六年，實有七十戶，計絲二十八斤。

行丑兒：

五戶絲，丙申年，分撥大名種田一百戶。延祐六年，實有三十八戶，計絲一十五斤。

闊闊不花先鋒：

五戶絲，壬子年，元查益都等處畸零二百七十五戶。延祐六年，實有一百二十七戶，計絲一十五斤。

撒吉思不花先鋒：

五戶絲，壬子年，元查汴梁等處二百九十一戶。延祐六年，實有一百二十七戶，計絲一十五斤。

阿里侃斷事官：

五戶絲，壬子年，元查濟寧等處三十五戶，計絲一十四斤。

乞里歹拔都：

五戶絲，丙申年，分撥東平一百戶，計絲四十斤。

孛羅海拔都：

五戶絲，壬子年，元查德州等處一百五十三戶，計絲六十一斤。

拾得官人：

五戶絲，壬子年，元查東平等處畸零一百一十二戶，計絲八十四斤。

伯納官人：

五戶絲，壬子年，元查東平三十二戶。延祐六年，實有四十五戶，計絲一十八斤。

笑乃帶先鋒：

五戶絲，丙申年，分撥東平一百戶。延祐六年，實有七十八戶，計絲三十一斤。

帶孫郡王：

五戶絲，丙申年，分撥東平東阿縣一萬戶。延祐六年，實有一千六百七十五戶，計絲七百二十斤。

江南戶鈔，至元十八年，分撥韶州路樂昌縣一萬七千戶，計鈔四百二十八錠。〔一三〕

愠里答兒薛禪：

五戶絲，丙申年，分撥泰安州二萬戶。延祐六年，實有五千九百七十一戶，計絲二千四百二十五斤。

江南戶鈔，至元十八年，分撥桂陽州二萬一千戶，計鈔八百四十錠。

朮赤台郡王：

五戶絲，丙申年，分撥德州二萬戶。延祐六年，實有七千一百四十六戶，計絲二千九百四十八斤。

江南戶鈔，至元十八年，分撥連州路二萬一千戶，計鈔八百四十錠。

阿兒思蘭官人：

江南戶鈔，至元十八年，分撥潯州路三千戶，計鈔一百二十錠。

孛魯古妻佟氏：

五戶絲，丙申年，分撥眞定一百戶。延祐六年，實有三十九戶，計絲一十五斤。

八答子：

五戶絲，丙申年，分撥順德路一萬四千八十七戶。延祐六年，實有四千四百四十六戶，計絲二千四百六斤。

江南戶鈔，至元十八年，分撥欽州路一萬五千八十七戶，計鈔六百三錠。

右手萬戶三投下孛羅台萬戶：

五戶絲，丙申年，分撥廣平路洺水(州)〔縣〕一萬七千三百三十三戶。〔四〕延祐六年，實有四千七百三十三戶，計絲一千七百三十八斤。

江南戶鈔，至元十八年，分撥全州路淸湘縣一萬七千九百一十九戶，計鈔七百一十六錠。

忒木台駙馬：

五戶絲，丙申年，分撥廣平路磁州九千四百五十七戶。延祐六年，實有二千四百七戶，計絲九百八十九斤。

江南戶鈔，至元二十二年，分撥全州路錄事司九千八百七十六戶，計鈔三百九十五錠。

斡闊烈闍里必：

五戶絲，丙申年，分撥廣平路一萬五千八百七戶。延祐六年，實有一千七百三戶，計絲六百八十斤。

江南戶鈔，至元二十年，分撥全州路灌陽縣一萬六千一百五十七戶，計鈔六百四十六錠。

左手九千戶合丹大息千戶：

五戶絲，丙申年，分撥河間路齊東縣一千二十三戶。延祐六年，實有三百六十六戶，計絲一百六十斤。

江南戶鈔，至元十八年，分撥藤州、蒼梧縣一千二百四十四戶，計鈔九錠。〔一五〕

也速不花等四千戶：

五戶絲，丙申年，分撥河間路陵州一千三百一十七戶。延祐六年，實有五百五十九戶，計絲二百二十三斤。

也速兀兒等三千戶：

五戶絲，丙申年，分撥河間路寧津縣一千七百七十五戶。延祐六年，實有七百二十二戶，計絲二百八十八斤。

江南戶鈔，至元十八年，分撥藤州等處三千七百三十二戶，計絲二百八十八斤。〔一六〕

帖柳兀禿千戶：

五戶絲，丙申年，分撥河間路臨邑縣一千四百五十戶。延祐六年，實有三百五十四戶，計絲二百六斤。

江南戶鈔，至元十八年，分撥藤州一千二百四十四戶，計鈔四十九錠。

和（斜）〔斜〕溫兩投下一千二百戶：〔一七〕

五戶絲，丙申年，分撥曹州一萬戶。延祐六年，實有一千九百二十八戶，計絲七百四十八斤。

江南戶鈔，至元十八年，分撥貴州一萬五百戶，計鈔四百二十錠。

忽都虎官人：

五戶絲，壬子年，查認過廣平等處四千戶。

江南戶鈔，至元十八年，分撥韶州曲江縣五千三百九戶，計鈔二百一十二錠。

滅古赤：

五戶絲，丙申年，分撥鳳翔府實有一百三十戶。

江南戶鈔，至元二十二年，分撥永州路祁陽縣五千戶，計鈔二百錠。

塔思火兒赤：

五戶絲，丙申年分撥東平種田戶，幷壬子年續查戶，共六百八十戶。延祐六年，實有三百八十九戶，計絲一百五十五斤。

塔丑萬戶：

五戶絲，壬子年，元查平陽等處一百八十六戶。延祐六年，實有八十一戶，計絲三十七斤。

察罕官人：

五戶絲，壬子年，元查懷孟等處三千六百六戶。延祐六年，實有五百六十戶，計絲二百二十四斤。

孛羅渾官人：

五戶絲，壬子年，元查保定等處四百一十五戶。丁巳年，分撥衞輝路淇州一千一百戶。延祐六年，實有一千九十九戶，計絲四百四十九斤。

江南戶鈔，至元二十七年、大德六年，分撥四千戶，計鈔一百六十錠。

速不台官人：

五戶絲，丁巳年，分撥汴梁等處一千一百戶。延祐六年，實有五百七十七戶，計絲二百三十斤。

江南戶鈔，至元二十年，分撥欽州靈山縣一千六百戶，計鈔六十四錠。

宿敦官人：

五戶絲，丁巳年，分撥眞定一千一百戶。延祐六年，實有六十四戶，計絲二十八斤。

也苦千戶：

五戶絲，丁巳年，分撥東平等處一千一百戶。延祐六年，實有二百九十五戶，計絲一百一十八斤。

江南戶鈔，至元十八年，分撥梅州一千四百戶，計鈔五十六錠。

阿可兒：

五戶絲，癸丑年，分撥益都路高苑縣一千戶。延祐六年，實有一百九十六戶，計絲七十八斤。

伯八千戶：

五戶絲，丁巳年，分撥太原一千一百戶。延祐六年，實有三百五十一戶，計絲一百四十斤。

兀里羊哈歹千戶：

五戶絲，戊午年，分撥東平等處一千戶。延祐六年，實有四百七十九戶，計絲一百九十一斤。

禿薛官人：

五戶絲，丁巳年，分撥興元等處種田六百戶。延祐六年，實有二百戶，計絲八十斤。

塔察兒官人：

五戶絲，壬子年，元查平陽二百戶。延祐六年，實有二百戶，計絲八十斤。

折米思拔都兒：

五戶絲，丙申年，分撥懷孟等處一百戶。延祐六年，實有五十戶，計絲二十斤。

猱虎官人：

五戶絲，丁巳年，分撥平陽一千戶。延祐六年，實有六百戶，計絲二百四十斤。

孛哥帖木兒：

五戶絲，丙申年，分撥眞定等處五十八戶，計絲二十三斤。

也速魯千戶：

五戶絲，壬子年，分撥眞定路一百六十九戶。延祐六年，實有四十戶，計絲一十六斤。

鎭海相公：

五戶絲，壬子年，元查保定九十五戶。延祐六年，實有五十三戶，計絲二十一斤。

按察兒官人：

五戶絲，壬子年，分撥太原等處五百五十戶。延祐六年，實有九十八戶，計絲二十九斤。

按攤官人：

五戶絲，中統元年，元查平陽路種田戶六十戶。延祐六年，實有四十戶，計絲一十六斤。

阿朮魯拔都：

五戶絲，壬子年，查大名等處三百一十戶。延祐六年，實有三百一戶，計絲一百二十斤。

孛羅口下裴太納：

五戶絲，壬子年，元查廣平等處八十二戶。延祐六年，實有三十戶，計絲一十二斤。

忒木台行省：

五戶絲，壬子年，元查大同等處七百五十一戶。延祐六年，實有二百五十五戶，計絲一百一十斤。

撒禿千戶：

江南戶鈔，至元二十年，分撥潯州三千戶，計鈔一百二十錠。

也可太傅：

五戶絲，壬子年，元查上都五百四十戶。延祐六年，實有三百戶，計絲一百二十斤。

迭哥官人：

五戶絲，丙申年，分撥大名清豐縣一千七百一十三戶。延祐六年，實有一千三百七戶，計絲五百七斤。

卜迭揑拔都兒：

五戶絲，壬子年，元查懷孟八十八戶。延祐六年，實有四十戶，計絲一十六斤。

黄兀兒塔海：

五戶絲，丙申年，分撥平陽一百四十四戶。延祐六年，實有一百戶，計絲四十斤。

怯來千戶：

江南戶鈔，至元二十年，分撥潯州路三千戶，計鈔一百二十錠。

哈剌口溫：

五戶絲，壬子年，元查眞定三十二戶。

曳剌中書兀圖撒罕里：

五戶絲，壬子年，元查大都等處八百七十戶。延祐六年，實有四百四十九戶，計絲一百一十七斤。

欠帖木：

五戶絲，壬子年，元查曹州三十四戶。延祐六年，實有三十四戶。

欠帖溫：

歲賜絹一百匹，弓絃一千條。

江南戶鈔，至元十九年，分撥梅州、安仁縣四千戶，計鈔一百六十錠。

扎八忽娘子：

歲賜常課段四百七十四。

魚兒泊八剌千戶：

五戶絲，大德元年，分撥眞定等處一千戶。延祐三年，實有六百戶，計絲二百四十斤。

昔寶赤：

江南戶鈔，至元二十一年，分撥衡州路安仁縣四千戶，計鈔一百六十錠。

八剌哈赤：

江南戶鈔，至元二十一年，分撥台州路天台縣四千戶，計鈔一百六十錠。

阿塔赤：

江南戶鈔，至元二十一年，分撥常德路沅江縣四千戶，計鈔一百六十錠。

必闍赤：

江南戶鈔，至元二十一年，分撥袁州路萬載縣三千戶，計鈔一百二十錠。

貴赤：

江南戶鈔，至元二十一年，分撥和州歷陽縣四千戶，計鈔一百六十錠。

厥列赤：

江南戶鈔，至元二十一年，分撥婺州永康縣五十戶，計鈔二十錠。〔一八〕

八兒赤、不魯古赤：

江南戶鈔，至元二十一年，分撥衡州路酃縣六百戶，計鈔二十四錠。

阿速拔都：

江南戶鈔，至元二十一年，分撥盧州等處三千四百九戶，計鈔一百三十六錠。

也可怯薛：

江南戶鈔，至元二十一年，分撥武岡路武〔岡〕縣五千戶，〔一九〕計鈔二百錠。

忽都答兒怯薛：

江南戶鈔，至元二十一年，分撥武岡路新寧縣五千戶，計鈔二百錠。

怗古迭兒怯薛：

江南戶鈔，至元二十一年，分撥常德路龍陽縣五千戶，計鈔二百錠。

月赤察兒怯薛：

江南戶鈔，至元二十一年，分撥武岡路綏寧縣五千戶，計鈔二百錠。

玉龍怗木兒千戶：

江南戶鈔，至元二十年，分撥潯州三千戶，計鈔一百二十錠。

別苦千戶：

江南戶鈔，至元二十年，分撥潯州三千戶，計鈔一百二十錠。

憧兀兒王：

江南戶鈔，延祐二年爲始，支中統鈔二百錠，無城池。

霍木海：

五戶絲，壬子年，元查大（明）〔名〕等處三十三戶。〔二〇〕

哈剌赤禿禿哈：

江南戶鈔，至元二十一年，分撥饒州路四千戶，計鈔一百六十錠。

添都虎兒：

五戶絲，丙申年，分撥眞定一百戶。

賈答剌罕：

五戶絲，壬子年，元查大都一十四戶。

阿剌博兒赤：

五戶絲，壬子年，元查眞定五十五戶。

忽都那顏：

五戶絲，壬子年，元查大名二十戶。

忽辛火者：

五戶絲，壬子年，元查眞定二十七戶。

大忒木兒：

五戶絲，壬子年，元查眞定二十二戶。

布八火兒赤：

五戶絲，壬子年，元查大都八十四戶。

塔蘭官人：

五戶絲，壬子年，元查大寧三戶。

憨剌哈兒：

五戶絲，壬子年，元查保定二十一戶。

昔里吉萬戶：

五戶絲，壬子年，元查大都七十九戶。

清河縣達魯花赤也速：

五戶絲，壬子年，元查大名二十戶。

塔剌罕劉元帥：

五戶絲，壬子年，元查順德一十九戶。

怯薛台蠻子：

五戶絲，壬子年，元查泰安州七戶。

必闍赤汪古台：

五戶絲，壬子年，元查汴梁等處四十六戶。

阿剌罕萬戶：

五戶絲，壬子年，元查保定一戶。

徐都官人：

五戶絲，壬子年，元查大都三十一戶。

西川城左翼蒙古漢軍萬戶脫力失：

歲賜，常課段三十三匹。

伯要歹千戶：

歲賜，段二十四匹。

典迭兒：

歲賜，常課段六十四匹。

燕帖木兒太平王：

歲賜，天曆元年，定金十錠、銀五十錠、鈔一萬錠，分撥江東道太平路地五百頃。

校勘記

〔一〕自昔帝王於其宗族姻戚必致其(後)〔厚〕者　從北監本改。

〔二〕太祖弟擲只哈撒兒大王〔子〕淄川王位　按淄川王名也苦，係擲只哈撒兒之子。此脫「子」字，從道光本補。

〔三〕太祖弟孛羅古䚟大王子廣寧王位　按本書卷一〇七宗室世系表、卷一〇八諸王表、卷一一七別里古台傳，廣寧王名爪都，係也速不花之子，孛羅古䚟之孫，此作「子」誤。

〔四〕分撥恩州一萬一千六百三戶　按本書卷一一七別里古台傳有「賜以蒙古百姓三千戶及廣寧路、恩州二城戶一萬一千六百三」。此當脫「廣寧路」三字。

〔五〕分撥鉛山州一萬八千戶　按本書卷一一七別里古台傳有「江南平，加賜信州路及鉛山州二城戶一萬八千」。此當脫「信州路」三字。

〔六〕丙申年分撥東(京)〔平〕路四萬七千七百四十一戶　按本書卷二太宗紀，八年丙申以中原諸州民戶分賜諸王貴戚，皇子闊端等「並於東平府戶內撥賜有差」。東京路卽後之遼陽路，不屬中原。此處「東京」爲「東平」之誤，今改。新編已校。

〔七〕世祖次子(平)〔寧〕遠王闊闊出位　據本書卷一五世祖紀至元二十六年十二月丁亥條及卷一〇八諸王表改。

〔八〕又迭里哥兒不花湘寧王分撥湘鄉〔州寧鄉〕縣六萬五千戶　按湘鄉縣已於元貞元年升爲州，見本書卷六三地理志，皇慶元年不得仍稱縣。本書卷二四仁宗紀至大四年四月丁卯條有「改封親王迭里哥兒不花爲湘寧王，賜金印，食湘鄉州、寧鄉縣六萬五千戶」。據補。湘鄉州與寧鄉縣並隸潭州路。

〔九〕二萬七(十)〔千〕戶計鈔一千八十錠　按二萬七十戶每戶輪二貫，卽二兩，僅得鈔八百二錠四十兩，不及「一千八十錠」。一千八十錠實二萬七千戶之輪額。「十」、「千」形近而訛，今改。

〔一〇〕(大)〔火〕雷公主位　據本書卷一〇九諸公主表及元朝秘史譯音改。考異已校。

〔一一〕分撥哏戶五百七十三戶　按「哏戶」無解，道光本改作「銀戶」。

〔一二〕江南戶鈔至四萬一千一十九戶計(絲)〔鈔〕一千六百四十(斤)〔錠〕　按江南戶鈔收中統鈔，不收絲、鈔以錠、兩計，不以斤計。四萬一千一十九戶，每戶例輸二兩，得一千六百四十錠三十八兩。志文省略尾數，適爲一千六百四十錠。「絲」、「斤」二字並誤，今從道光本改。

〔一三〕一萬七千戶計鈔四百二十八錠　按戶數與鈔數不符。以戶數計鈔數，一萬七千戶每戶例輸鈔二貫，卽二兩，應輸鈔六百八十錠。以鈔數計戶數，應得一萬七百戶。戶數或鈔數必有一誤，疑戶數應作「一萬七百戶」。

〔一四〕分撥廣平路洛水（州）〔縣〕一萬七千三百三十三戶　據本書卷五八地理志改。本證已校。

〔一五〕江南戶鈔至一千二百四十四戶計鈔九錠　按江南戶鈔每戶例輸二貫，卽二兩，一千二百四十四戶應輸四十九錠三十八兩，不只九錠。下文帖柳兀禿千戶撥賜人戶亦一千二百四十四戶，但「計鈔四十九錠」。此處省尾數亦應作「計鈔四十九錠」。

〔一六〕三千七百三十二戶計絲二百八十八斤　按江南戶鈔徵鈔不徵絲。每戶徵二貫，卽二兩，三千七百三十二戶應徵鈔一百四十九錠。「計絲二百八十八斤」疑涉上文而誤，應作「計鈔一百四十九錠」。

〔一七〕和（鈄）〔斜〕溫　按此名本書卷二太宗紀八年七月條作「火斜」，秋澗集卷八五曹州禹城縣隸側近州郡事狀作「和斜」。據改。

〔一八〕分撥婺州永康縣五十戶計鈔二十錠　按二十錠爲五百戶所輸數，疑「五十戶」爲「五百戶」之誤。

〔一九〕分撥武岡路武〔岡〕縣五千戶　按元無「武縣」。本書卷六三地理志武岡路屬有武岡縣，據補。新編已校。

〔二〇〕元查大〔明〕〔名〕等處三十三戶　從道光本改。按元無「大明」建置。

元史卷九十六

志第四十五上

食貨四

俸秩

官必有祿，所以養廉也。元初未置祿秩，世祖卽位之初，首命給之。內而朝臣百司，外而路府州縣，微而府史胥徒，莫不有祿。大德中，以外有司有職田，於是無職田者，復益之以俸米。其所以養官吏者，不亦厚乎。

祿秩之制，凡朝廷職官，中統元年定之；六部官，二年定之；隨路州縣官，是年十月定之。至元六年，又分上中下縣，爲三等。提刑按察司官吏，六年定之。自經歷以下，七年復增之。轉運司官及諸匠官，七年定之。其運司依民官例，於差發內支給。至十七年，定奪俸祿，凡內外官吏皆住支。十八年，更命公事畢而無罪者給之，公事未畢而有罪者遂之。二十二年，重定百官俸，始於各品分上中下三例，視職事爲差，事大者依上例，事小者依中例。二十三年，又命內外官吏俸以十分爲率，添支五分。二十九年，定各處儒學教授俸，與蒙古、醫學同。

成宗大德三年，詔益小吏俸米。六年，又定各處行省、宣慰司、致用院、宣撫司、茶鹽運司、鐵冶都提舉司、淘金總管府、銀場提舉司等官循行俸例。七年，始加給內外官吏俸米。凡俸一十兩以下人員，依小吏例，每（十）〔一〕兩給米一斗。〔一〕十兩以上至二十五兩，每員給米一石。餘上之數，每俸一兩給米一升。無米，則驗其時直給價，雖貴每石不過二十兩。上都、大同、隆興、甘肅等處，素非產米之地，每石權給中統鈔二十五兩，俸三錠以上者不給。至大二年，詔隨朝官員及軍官等俸改給至元鈔，而罷其俸米。延祐七年，又命隨朝官吏俸以十分爲率，給米三分。

凡諸官員上任者不過初二日，罷任者已過初五日，給當月俸。各路官擅割官吏俸者罪之。諸職官病假百日之外，及因病求醫、親老告侍者，不給祿。後官已至，而前官被差者，其俸兩給之。隨朝官吏每月給俸，如告假事故，當官立限者全給，違限託故者追罰。軍官差出者許借俸，歿於王事者借俸免徵。各投下保充路府州縣等官，其俸與王官等。

職田之制，路府州縣官至元三年定之，按察司官十四年定之，江南行省及諸司官二十一年定之，其數減腹裏之半。至武宗至大二年，外官有職田者，三品給祿米一百石，四品給六十石，五品五十石，六品四十五石，七品以下四十石；俸鈔改支至元鈔，其田拘收入官。四年，又詔公田及俸皆復舊制。延祐三年，外官無職田者，量給粟麥。凡交代官芒種已前去任者，其租後官收之，已後去任者前官分收。後又以爭競者多，俾各驗其俸月以爲多寡。其大略如此。今取其制之可考者，具列于後。

至元二十二年百官俸例，各品分上中下三等：

從一品：六錠，五錠。

正二品：四錠二十五兩，四錠一十五兩。

從二品：四錠，三錠三十五兩，三錠二十五兩。

正三品：三錠二十五兩，三錠一十五兩，三錠。

從三品：三錠，二錠三十五兩，二錠二十五兩。

正四品：二錠二十五兩，二錠一十五兩，
二錠。
從四品：二錠，一錠四十五兩，
一錠四十兩。
正五品：一錠四十兩，一錠三十兩。
從五品：一錠三十兩，一錠二十兩。
正六品：一錠二十兩，一錠一十五兩。
從六品：一錠一十五兩，一錠一十兩。
正七品：一錠一十兩，一錠五兩。
從七品：一錠五兩，一錠。
正八品：一錠，四十五兩。
從八品：四十五兩，四十兩。
正九品：四十兩，三十五兩。
從九品：三十五兩。

內外官俸數：

太師府：太師，俸一百四十貫，米一十五石。諮議、參軍，俸四十五貫，米四石五斗。長史，俸三十四貫六錢六分，米三石。太傅、太保府同。監修國史、參軍、長史同。

中書省：右丞相，俸一百四十貫，米一十五石；左丞相同。平章政事，俸一百二十八貫六錢六分六釐，米一十二石。右丞，俸一百一十八貫六錢六分六釐，米一十二石；左丞同。參知政事，俸九十五貫三錢三分三釐，米九石五斗。參議，俸五十九貫，米六石。郎中，俸四十二貫，米四石五斗。員外郎，俸三十四貫六錢六分六釐，米三石。都事，俸二十八貫，米三石。承發管勾，俸二十五貫三錢三分三釐，米二石；照磨、省架閣庫管勾、回回架閣庫管勾並同。檢校官，俸二十八貫，米三石五斗。斷事官，內一十八員俸各八十二貫六錢六分六釐，米八石五斗；一十四員俸各五十九貫三錢三分三釐，米六石；一員俸五十四貫六錢六分六釐，米五石五斗；一員俸四十貫六錢六分六釐，米四石。經歷，俸二十三貫六錢六分六釐，米二石五斗。知事，俸二十二貫，米二石。客省使，俸三十九貫三錢三分三釐，米三石五斗；副使，俸二十八貫，米三石。直省舍人，俸三十四貫六錢六分六釐，米三石。六部尚書，俸七十八貫，米八石。侍郎，俸五十三貫三錢三分三釐，米五石。郎中，俸三十四貫六錢六分六釐，米三石。員外郎，俸二十八貫，米三石。主事，俸二十六貫六錢六分六釐，米二石五斗。戶部司計，俸二十八貫，米三石。工部司程，俸一十八貫，米二石五斗。刑部獄丞，俸一十一貫，米一石。司籍提領，俸一十二貫六錢六分六釐，米一石。同提領，俸一十一貫三錢〔三分〕三釐，〔三〕米五斗。

樞密院：知院，俸一百二十九貫三錢三分三釐，米一十三石五斗。同知，俸一百六貫，米一十一石。副樞，俸九十五貫三錢三分三釐，米九石五斗。僉院，俸九十貫一錢八分六釐，米九石五斗。同僉，俸五十九貫三錢三分三釐，米六石。院判，俸四十二貫，米四石五斗。參議，俸三十九貫三錢三分三釐，米三石五斗。經歷，俸三十四貫六錢六分六釐，米三石。都事，俸二十八貫，米二石。照磨，俸二十二貫，米二石；管勾同。斷事官，俸五十九貫三錢三分三釐，米六石。經歷，俸二十五貫三錢三分三釐，米二石。知事，俸二十貫六錢六分六釐，米一石五斗。客省使，俸三十一貫三錢三分三釐，米三石；副使俸二十二貫，米二石。右衞都指揮使，俸七十貫，米七石五斗。副都指揮使，俸五十九貫三錢三分三釐，米六石。僉事，俸四十八貫六錢六分六釐，米四石五斗。經歷，俸二十五貫三錢三分三釐，米二石。知事，俸二十貫六錢六分六釐，米一石五斗。照磨，俸一十八貫六錢六分六釐，米一石五斗。鎮撫，俸二十貫六錢六分六釐，米一石五斗。行軍官：千戶，俸二十五貫三錢三分三釐，米二石。副千戶，俸二十貫六錢六分六釐，米一石五斗。百戶，俸一十七貫三錢三分三釐，米一石五斗。彈壓，俸一十二貫六錢六分六釐，米一石。知事，俸一十一貫三錢三分三釐，米一石。弩軍官：千戶，俸二十貫六錢六分六釐，米一石五斗。百戶，俸一十二貫六錢六分六釐，米一石。彈壓，俸一十一貫三錢三分三釐，米五斗。都目，俸一十貫，米五斗。屯田千戶所同弩軍官例。左衞、前衞、後衞、中衞、武衞、左阿速衞、右阿速衞、左都威衞、右都威衞、左欽察衞、右欽察衞、左衞率府、宗仁衞、西域司、唐兀司、貴赤司並同右衞例。忠翊侍衞都指揮使，俸一百貫。副使，俸八十三貫三錢三分三釐。僉事，俸六十六貫六錢六分六釐。經歷，俸三十三貫三錢三分三釐。知事，俸二十六貫六錢六分六釐。照磨，俸二十四貫六錢六分六釐。行軍官：千戶，俸三十三貫三錢三分三釐。副千戶，俸二十六貫六錢六分六釐。百戶，俸二十三貫三錢三分三釐。彈壓，俸一十六貫六錢六分六釐。知事，俸一十五貫三錢三分三釐。弩軍官：千戶，俸二十六貫六錢六分六釐。百戶，俸一十六貫六錢六分六釐。彈壓，俸一十三貫三錢三分三釐。右手屯田千戶所：千戶，俸二十六貫六錢六分六釐。百戶，俸一十六貫六錢六分六釐。左手屯田千戶所同。隆鎮衞、右翊蒙古侍衞並同忠翊侍衞例。

御史臺：御史大夫，俸一百一十八貫六錢六分，米一十二石。中丞，俸一百六貫，米一十一石。侍御史，俸九十六貫三錢五分，米九石五斗。治書侍御史，俸九十貫一錢八分，米九石五斗。經歷，俸三十四貫六錢六分，米三石。都事，俸二十八貫，米三石。殿中，俸四十八貫六錢六分，米四石五斗。知班，俸一十四貫，米一石五斗。監察御史，俸二十八貫，米三石。

奎章閣學士院：大學士，俸一百一貫三錢三分三釐，米一十石五斗。侍書學士，俸九十五貫三錢三分三釐，米九石五斗。承制學士，俸七十八貫，米八石。供奉學士，俸五十九貫三錢三分三釐，米六石。參書，俸三十四貫三錢三分三釐，米三石。典籤，俸二十八貫，米三石。鑑書博士，俸四十一貫，米四石五斗。授經郎，俸二十八貫，米三石。

太禧宗禋院：院使，俸一百一十八貫六錢六分六釐，米一十二石。同知，俸一百貫，米一十石。副使，俸九十五貫三錢三分三釐，米九石五斗。僉院，俸九十貫一錢八分，米九石。同僉，俸五十九貫三錢三分三釐，米六石。院判，俸四十二貫，米四石五斗。參議，俸三十九貫三錢三分三釐，米三石五斗。經歷，俸三十四貫六錢六分六釐，米三石。都事，俸二十八貫，米三石。照磨，俸二十二貫，米二石；管勾同。斷事官，俸五十九貫三錢三分，米六石。經歷，俸二十五貫三錢三分，米二石。知事，俸二十貫六錢六分，米一石五斗。客省使，俸三十一貫三錢三分，米三石。副使，俸二十二貫，米二石。

宣政院：院使，俸一百一十八貫六錢六分，米一十二石。同知，俸一百六貫，米一十一石。副使，俸九十五貫三錢三分，米九石五斗。僉院，俸九十貫一錢八分，米九石五斗。同僉，俸五十九貫三錢三分，米六石。院判，俸四十二貫，米四石五斗。參議，俸三十九貫三錢三分，米三石五斗。經歷，俸三十四貫六錢六分，米三石五斗。都事，俸二十八貫，米三石。照磨，俸二十二貫，米二石；管勾同。斷事官、客省使並同太禧宗禋院例。宣徽院同。

翰林國史院：承旨，俸一百一十八貫六錢六分，米一十二石。學士，俸一百六貫，米一十一石。侍讀學士，俸九十五貫三錢三分，米九石五斗；侍講學士同。直學士，俸五十九貫三錢三分三釐，米六石。經歷，俸三十四貫六錢六分六釐，米三石。都事，俸二十八貫，米三石。待制，俸三十九貫三錢三分三釐，米三石五斗。修撰，俸二十八貫，米三石。應奉，俸二十五貫三錢三分三釐，米二石。編修，俸二十二貫，米二石；檢閱同。典籍，俸二十貫六錢六分六釐，米一石五斗。翰林院、集賢院，大學士同承旨，餘並同上例。

中政院：院使，俸一百一貫三錢三分三釐，米一十石五斗。同知，俸八十二貫六錢六分六釐，米八石五斗。僉院，俸七十貫，米七石五斗。同僉，俸五十九貫三錢三分三釐，米六石。院判，俸四十三貫，米四石五斗。司議，俸三十四貫六錢六分六釐，米三石。長史，俸二十八貫，米三石。照磨，俸二十二貫，米二石；管勾同。太醫院、典瑞院、將作院、太史院、儲政院並同。

太常禮儀院：院使，俸八十二貫六錢六分，米八石五斗。同知，俸七十二貫，米七石五斗。僉院，俸四十八貫六錢六分六釐，米四石五斗。同僉，俸四十二貫，米四石五斗。院判，俸三十七貫三錢三分三釐，米四石。經歷，俸二十八貫，米三石。都事，俸二十五貫三錢三分，米二石。照磨，俸二十二貫，米二石。太祝，俸二十貫六錢六分，米一石五斗；奉禮、協律同。

通政院：院使，俸八十二貫六錢六分六釐，米八石五斗。同知，俸七十貫，米七石五斗。副使，俸五十九貫三錢三分三釐，米六石。僉院，俸四十八貫六錢六分六釐，米四石五斗。同僉，俸四十四貫，米四石五斗。院判，俸三十九貫三錢三分三釐，米三石五斗。經歷，俸三十四貫六錢六分六釐，米三石。都事，俸二十六貫六錢六分六釐，米二石五斗。照磨，俸二十二貫，米二石。

大宗正府：也可扎魯忽赤，內一員俸一百一十八貫六錢六分六釐，米一十二石；二十七員俸八十二貫六錢六分六釐，米八石；五員俸六十七貫三錢三分三釐，米六石五斗。郎中，俸三十六貫，米三石五斗。員外郎，俸三十一貫三錢三分三釐，米三石。都事，俸二十六貫六錢六分六釐，米二石五斗。照磨，俸二十二貫，米二石；管勾同。

大司農司：大司農，俸一百一十八貫六錢六分，米一十二石。大司農卿，俸一百三貫，米一十一石。大司農少卿，俸九十五貫三錢三分，米九石五斗。大司農丞，俸九十貫一錢八分，米九石五斗。經歷，俸三十四貫六錢六分，米三石。都事，俸二十八貫，米三石。照磨，俸二十二貫，米二石；管勾同。

內史府：內史，俸一百四十三貫三錢三分。中尉，俸一百一十六貫六錢六分六釐。司馬，俸八十三貫三錢三分三釐。諮議，俸四十六貫六錢六分六釐。記室，俸四十貫。照磨，俸三十貫。

大都留守司：留守，俸一百一貫三錢三分，米一十石五斗。同知，俸八十二貫六錢六分，米八石五斗。副留守，俸五十九貫三錢三分三釐，米六石。留判，俸四十二貫，米四石五斗。經歷，俸三十四貫六錢六分六釐，米三石。都事，俸二十八貫，米三石。照磨，俸二十二貫，米二石。

都護府：大都護，俸八十二貫六錢六分六釐，米八石五斗。同知，俸七十二貫，米七石五斗。副都護，俸五十九貫三錢三分三釐，米六石。經歷，俸二十八貫，米三石。都事，俸二十六貫六錢六分六釐，米二石五斗。照磨，俸二十二貫，米二石。

崇福司：司使，俸八十二貫六錢六分六釐，米八石。同知，俸七十貫，米七石五斗。副使，俸五十九貫三錢三分，米六石。司丞，俸三十九貫三錢三分，米三石五斗。經歷，俸二十八貫，米三石。都事，俸二十六貫六分六釐，米二石五斗。照磨，俸二十二貫，米二石。

給事中，俸五十三貫三錢三分三釐，米五石。左右侍儀奉御，俸四十八貫六錢六分六釐，米四石五斗。

武備寺：卿，俸七十貫，米七石五斗。同判，俸五十九貫三錢三分三釐，米六石。少卿，俸四十二貫，米四石五斗。寺丞，俸三十九貫三錢三分三釐，米三石五斗。經歷，俸二十五貫三錢三分三釐，米二石。知事，俸二十四貫，米二石。照磨，俸二十二貫，米二石。

太僕寺：卿，俸七十貫，米七石五斗。少卿，俸四十二貫，米四石五斗。寺丞，俸三十九貫三錢三分，米三石五斗。經歷，俸二十五貫三錢三分三釐，米二石。知事，俸二十二貫，米二石。照磨，俸二十貫六錢六分，米一石五斗。光祿、長慶、長新、長秋、承徽、長寧、尚乘、長信等寺並同。

尚舍寺：太監，俸四十八貫六錢六分，米四石。少監，俸三十九貫三錢三分，米三石五斗。監丞，俸三十一貫三錢三分，米二石。知事，俸二十二貫，米二石。

侍儀司：侍儀使，俸七十貫，米七石五斗。引進使，俸四十八貫六錢六分，米四石五斗。典簿，俸二十五貫三錢三分，米二石。承奉班都知，俸二十六貫六錢六分，米二石五斗。通事舍人，俸二十五貫三錢三分，米二石。侍儀舍人，俸一十七貫三錢三分，米一石五斗。

拱衞司：都指揮使，俸七十貫，米七石五斗。副都指揮使，俸五十九貫三錢三分三釐，米六石。僉事，俸四十八貫六錢六分六釐，米四石五斗。經歷，俸二十五貫三錢三分三釐，米二石。知事，俸二十貫六錢六分六釐，米一石五斗。

內宰司：內宰，俸七十貫，米七石五斗。司丞，俸四十五貫，米四石五斗。典簿，俸二十五貫三錢三分，米二石。照磨，俸二十貫六錢六分，米一石五斗。翊正司同。

延慶司：延慶使，俸一百貫。同知，俸六十三貫三錢三分三釐。副使，俸四十六貫六錢六分六釐。司丞，俸三十四貫六錢六分六釐，米三石。典簿，俸二十五貫三錢三分三釐，米二石。照磨，俸二十貫六錢六分六釐，米一石五斗。

內正司：司卿，俸七十貫，米七石五斗。少卿，俸四十七貫，米四石五斗。司丞，俸三十九貫三錢三分三釐，米三石五斗。典簿，俸二十五貫三錢三分三釐，米二石。照磨，俸二十貫六錢六分，米一石五斗。中瑞司同。

京畿運司：運使，俸五十六貫，米六石。同知，俸三十九貫三錢三分，米三石五斗。運副，俸三十四貫六錢六分，米三石。運判，俸二十六貫六錢六分，米二石五斗。經歷，俸二十貫六錢六分，米一石五斗。知事，俸一十四貫，米一石五斗。提控案牘，俸一十四貫六錢六分，米一石。

太府監：卿，俸七十貫，米七石五斗。太監，俸五十九貫三錢三分，米六石。少監，俸四十二貫，米四石五斗。監丞，俸三十九貫三錢三分，米三石五斗。經歷，俸二十五貫三錢三分，米二石。知事，俸二十四貫，米二石。照磨，俸二十二貫，米二石。祕書、章佩、利用、中尚、度支等監並同。

國子監：祭酒，俸五十九貫三錢三分，米六石。司業，俸三十九貫三錢三分，米三石五斗。監丞，俸三十貫三錢三分，米三石。典簿，俸一十五貫三錢三分，米二石。博士，俸二十六貫六錢六分，米二石五斗；太常博士、回回國子博士同。助教，俸二十二貫，米二石；教授同。學錄，俸一十一貫三錢三分，米五斗。蒙古國子監同。

經正監：卿，俸七十貫，米七石五斗。太監，俸五十貫，米五石。少監，俸四十二貫，米四石五斗。監丞，俸三十四貫六錢六分六釐，米三石。經歷，俸二十五貫三錢三分三釐，米二石。知事，俸二十二貫，米二石。

闌遺監：太監，俸四十八貫六錢六分，米四石。少監，俸三十九貫三錢三分三釐，米三石。監丞，俸三十一貫三錢三分，米三石。知事，俸二十二貫，米二石。提控案牘，俸二十貫六錢六分，米一石五斗。

司天監：提點，俸五十九貫三錢三分，米六石。司天監，俸五十三貫三錢三分，米五石。監丞，俸三十一貫三錢三分，米三石。知事，俸二十貫六錢六分六釐，米一石五斗。教授，俸一十貫六錢六分，米一石；管勾同。司辰，俸八貫六錢六分，米五斗；學正、押宿並同。回回司天監：少監，俸四十二貫，米四石五斗；餘同上。

都水監：都水卿，〔三〕俸五十三貫，米六石。少監，俸三十九貫三錢三分，米三石五斗。監丞，俸三十貫，米三石。經歷，俸二十五貫三錢三分，米二石。知事，俸二十二貫，米二石。

大都路達魯花赤，俸一百三十貫；總管同。副達魯花赤，一百二十貫。同知八十貫；治中同。判官，五十五貫。推官，五十貫。經歷，四十貫。知事，三十貫。提控案牘，二十五貫；照磨同。並中統鈔。

行省：左丞相，俸二百貫。平章政事，一百六十六貫六錢六分六釐；右丞、左丞同。參知政事，一百三十三貫三錢三分三釐。郎中，四十六貫六錢六分六釐。員外郎，三十貫。都事，二十六貫六錢六分六釐；檢校同。管勾，二十三貫三錢三分三釐。理問所：理問，俸四十六貫六錢六分六釐。副理問，俸三十貫。知事，俸一十六貫六錢六分六釐；提控案牘同。

宣慰司：腹裏宣慰使，俸中統鈔五百八十貫三錢三分。同知，五百貫。副使，四百一十六貫六錢六分。經歷，四百貫。都事，一百八十三貫三錢三分。照磨，一百五十貫。行省宣慰使，俸至元鈔八十七貫五錢。同知，四十九貫。副使，四十二貫。經歷，二十八貫。都事，二十四貫。照磨，一十七貫五錢。

廉訪司：廉訪使，俸中統鈔八十貫。副使，四十五貫。僉事，三十貫。經歷，二十貫。知事，一十五貫。照磨，一十二貫。

鹽運司：腹裏運使，俸一百二十貫。同知，五十貫。副使，三十五貫。判官，三十貫。經歷，二十貫。知事，一十五貫。照磨，一十三貫。行省運使，八十貫。同知，五十貫。運副，四十貫。判官，三十貫。經歷，二十五貫。知事，一十七貫。提控案牘，一十五貫。

上路達魯花赤，俸八十貫；總管同。同知，四十貫。治中，三十貫。判官，二十貫。推官，一十九貫。經歷，一十七貫。知事，一十二貫。提控案牘，一十貫。下路達魯花赤，俸七十貫；總管同。同知，三十五貫。判官，二十貫。推官，一十九貫。經歷，一十七貫。知事，一十二貫。提控案牘，一十貫。

散府達魯花赤，俸六十貫；知府同。同知，三十貫。判官，一十八貫；推官同。知事，一十二貫。提控案牘，一十貫。

上州達魯花赤，俸五十貫；州尹同。同知，二十五貫。判官，一十八貫。知事，一十二貫。提控案牘，一十貫。中州達魯花赤，俸四十貫；知州同。同知，二十貫。判官，一十五貫。提控案牘，一十貫。都目，八貫。下州達魯花赤，俸三十貫；知州同。同知，一十八貫。判官，一十三貫。吏目，四十貫。

上縣達魯花赤，俸二十貫；縣尹同。縣丞，一十五貫。主簿，一十三貫。縣尉，一十二貫。典史，三十五貫。巡檢，一十貫。中縣達魯花赤，俸一十八貫；縣尹同。主簿，一十三貫。縣尉，一十二貫。典史，三十五貫。下縣達魯花赤，俸一十七貫；縣尹同。主簿，一十二貫；縣尉同。典史，三十五貫。

諸署、諸局、諸庫等官及掾吏之屬，其目甚多，不可勝書。然其俸數之多寡，亦皆以品級之高下爲則。觀者可以類推，故略而不錄。

職田數：

至元三年，定隨路府州縣官員職田：上路達魯花赤一十六頃，總管同。同知八頃。治中六頃。府判五頃。下路達魯花赤一十四頃，總管同。同知七頃。府判五頃。散府達魯花赤一十〔二〕頃，〔四〕知府同。同知六頃。府判四頃。上州達魯花赤一十頃，州尹同。同知五頃。州判四頃。中州達魯花赤八頃，知州同。同知四頃。州判三頃。下州達魯花赤六頃，知州同。州判三頃。警巡院達魯花赤五頃，警使同。警副四頃。警判三頃。錄事司達魯花赤三頃，錄事同。錄判二頃。縣達魯花赤四頃，縣尹同。縣丞三頃。主簿二頃，縣尉、主簿兼尉並同。經歷四頃。〔五〕

至元十四年，定按察司職田：各道按察使一十六頃。副使八頃。僉事六頃。

至元二十一年，定江南行省及諸司職田比腹裏減半。上路達魯花赤八頃，總管同。同知四頃。治中三頃。府判二頃五十畝。下路達魯花赤七頃，總管同。同知三頃五十畝。府判二頃五十畝。經歷二頃。知事一頃，提控案牘同。散府達魯花赤六頃，知府同。同知三頃。府判二頃。提控案牘一頃。上州達魯花赤五頃，知州同。同知二頃，州判同。〔六〕提控案牘一頃。中州達魯花赤四頃，知州同。同知二頃。州判一頃五十畝。都目五十畝。下州達魯花赤三頃，知州同。同知二頃。州判一頃五十畝。上縣達魯花赤二頃，縣尹同。縣丞一頃五十畝。主簿一頃，縣尉同。中縣同上。無縣丞。下縣達魯花赤一頃五十畝，縣尹同。主簿兼尉一頃。錄事司達魯花赤一頃五十畝，錄事同。錄判一頃。司獄一頃，巡檢同。

按察司使八頃。副使四頃。僉事三頃。經歷二頃。知事一頃。運司官：運使八頃。同知四頃。運副三頃，運判同。經歷二頃。知事二頃，提控案牘同。〔七〕鹽司官：鹽使二頃。鹽副二頃。鹽判一頃。各場正、同、管勾各一頃。

常平義倉

常平起于漢之耿壽昌，義倉起于唐之戴胄，皆救荒之良法也。元立義倉于鄉社，又置常平于路府，使饑不損民，豐不傷農，粟直不低昂，而民無菜色，可謂善法漢、唐者矣。今考其制，常平倉世祖至元六年始立。其法：豐年米賤，官爲增價糴之；歉年米貴，官爲減價糶之。於是八年以和糴糧及諸河倉所撥糧貯焉。二十三年定鐵法，又以鐵課糴糧充焉。義倉亦至元六年始立。其法：社置一倉，以社長主之，豐年每親丁納粟五斗，驅丁二斗，無粟聽納雜色，歉年就給社民。於是二十一年新城縣水，二十九年東平等處饑，皆發義倉賑之。皇慶二年，復申其令。然行之既久，名存而實廢，豈非有司之過與。

惠民藥局

周官有醫師，掌醫之政令，凡邦有疾病疕瘍者造焉，則使醫分而治之，此民所以無夭折之患也。元立惠民藥局，官給鈔本，月營子錢，以備藥物，仍擇良醫主之，以療貧民，其深得周官設醫師之美意者與。

初，太宗九年，始於燕京等十路置局，以奉御田闊闊、太醫王璧、齊楫等爲局官，給銀五百錠爲規運之本。世祖中統二年，又命王祐開局。四年，復置局於上都，每中統鈔一百兩，收息錢一兩五錢。至元二十五年，以陷失官本，悉罷革之。至成宗大德三年，又準舊例，於各路置焉。凡局皆以各路正官提調，所設良醫，上路二名，下路府州各一名，其所給鈔本，亦驗民戶多寡以爲等差。今併著于後：

腹裏，三千七百八十錠。

河南行省，二百七十錠。

湖廣行省，一千一百五十錠。

遼陽行省，二百四十錠。

四川行省，二百四十錠。

陝西行省，二百四十錠。

江西行省，三百錠。

江浙行省，二千六百一十五錠。

雲南行省，貝八一萬一千五百索。

甘肅行省，一百錠。

市糴

和糴自唐始，所以備邊庭軍需也，其弊至於害民者，蓋有之矣。元和糴之名有二，曰市糴糧，曰鹽折草，率皆增其直而市於民。於是邊庭之兵不乏食，京師之馬不乏芻，而民亦用以不困，其爲法不亦善乎。

市糴糧之法，世祖中統二年，始以鈔一千二百錠，於上都、北京、西京等處糴三萬石。四年，以解鹽引一萬五千道，和中陝西軍儲。是年三月，又命扎馬剌丁糴糧，仍敕軍民官毋沮。五年，諭北京、西京等路市糴軍糧。至元三年，以南京等處和糴四十萬石。四年，命洺州等處中納官糧，續還其直。八年，驗各路糧粟價直，增十分之一，和糴三十九萬四千六百六十石。十六年，以兩淮鹽引五萬道，募客旅中糧。十九年，以鈔三萬錠，市糴於隆興等處。二十年，以鈔五千錠市於北京，六萬錠市於上都，二千錠市於應昌。二十一年，以河間、山東、兩浙、兩淮鹽引，募諸人中糧。是年四月，以鈔四千錠，於應昌市糴。九月，發鹽引七萬道、鈔三萬錠，於上都和糴。二十二年，以鈔五萬錠，令木八剌沙和糴於上都。是年二月，詔江南民田秋成，官爲定例收糴，次年減價出（糴）〔糶〕。〔八〕二十三年，發鈔五千錠，市糴沙、（靜）〔淨〕、隆興軍糧。〔九〕二十四年，官發鹽引，聽民中糧。是年十二月，以揚州、杭州鹽引五十萬道，兌換民糧。二十七年，和糴西京糧，其價每一十兩之上增一兩。延祐三年，中糴和林糧二十三萬石。五年、六年，又各和中二十萬石。

鹽折草之法，成宗大德八年，定其則例。每年以河間鹽，令有司於五月預給京畿郡縣之民，至秋成，各驗鹽數輸草，以給京師秣馬之用。每鹽二斤，折草一束，重一十斤。歲用草八百萬束，折鹽四萬引云。

賑恤

救荒之政，莫大於賑恤。元賑恤之名有二：曰蠲免者，免其差稅，卽周官大司徒所謂薄征者也；曰賑貸者，給以米粟，卽周官大司徒所謂散利者也。然蠲免有以恩免者，有以災免者。賑貸有以鰥寡孤獨而賑者，有以水旱疫癘而賑者，有以京師人物繁湊而每歲賑糶者。若夫納粟補官之令，亦救荒之一策也。其爲制各不同，今並著于後，以見其仁厚愛民之意云。

恩免之制：世祖中統元年，量減絲料、包銀分數。二年，免西京、北京、燕京差發。是年二月，以眞定、大名、河南、陝西、東平、益都、平陽等路，兵興之際，勞於轉輸，其差發減輕科取。三年，北京等路，以兵興供給繁重，免本歲絲料、包銀。是年閏九月，以濟南路遭李壇之亂，軍民皆饑，盡除差發。四年，以西涼民戶值渾都海、阿藍觧兒之亂，人民流散，免差稅三年。至元元年，詔減明年包銀十分之三，全無業者十之七。是年四月，逃戶復業者，免差稅三年。三年，減中都包銀四分之一。十二年，蠲免包銀、絲線、俸鈔。是年八月，免河南路包銀三分之二，其餘路府亦免十之五。十九年，免諸路民戶明年包銀、俸鈔，及逃移戶差稅。二十年，免大都、平灤民戶絲線、俸鈔。二十二年，除民間包銀三年，不使帶納俸鈔，盡免大都軍民地稅。二十四年，免東京軍民絲線、包銀、俸鈔。是年九月，除北京馬五百匹。二十五年，免遼陽、武平等處差發。二十七年，減河間、保定、平灤三路絲線之半，大都全免。二十八年，詔免腹裏諸路包銀、俸鈔；其大都、上都、隆興、平灤、大同、太原、河間、保定、武平、遼陽十路絲線並除之。二十九年，免上都、隆興、平灤、保定、河間五路包銀、俸鈔。三十年，免大都差稅。三十一年，成宗卽位，詔免天下差稅有差。是年六月，免腹裏軍、站、匠、船、鹽、鐵等戶稅糧，及江南夏稅之半。元貞元年，除大都民戶絲線、包銀、稅糧。大德元年，以改元免大都、上都、隆興民戶差稅三年。三年，詔免腹裏包銀、俸鈔，及江南夏稅十分之三。四年，詔免上都、大都、隆興明年絲銀稅糧，其數亦如之，江南租稅減十分之一。九年，又下寬免之令，以恤大都、上都、隆興、腹裏、江淮之民。十年，逃移民戶復業者，免差稅三年。十一年，武宗卽位，詔免內外郡縣差稅有差。至大二年，上尊號，詔免腹裏、江淮差稅。三年，又免大都、上都、中都秋稅，及民間差稅之負欠者。四年，免腹裏包銀及江南夏稅十分之三。是年四月，免大都、上都、中都差稅三年。延祐元年，以改元免大都、上都差稅二年，其餘被災經賑者免一年，流民復業者免差稅三年。二年，免各路差稅、絲料。七年，免腹裏絲綿十分之五，外郡十分之三，江淮夏稅所免之數，與外郡絲綿同，民間逋欠差稅並除之。是年，免丁地稅糧、包銀、絲料各有差。至治二年，寬恤軍民站戶。三年，免臨〔青〕〔清〕萬戶府軍民船戶差稅三年，〔一〇〕福建蜑戶差稅一年。泰定三年，罷江淮以南包銀。天曆元年，免諸路差稅、絲料有差，及海北鹽課三年。二年，免達達軍站之貧乏者及各路差稅有差。是年十月，免人民逋欠官錢，及奉元商稅，各處竈戶雜役。至順元年，以改元免諸路差稅有差，減方物之貢，免河南府、懷慶路門攤、海北鹽課，存恤紅城兒屯田軍三年。

災免之制：世祖中統元年，以各處被災，驗實減免科差。三年，以蠻寇攻掠，免三叉沽竈戶一百六十五戶其年絲料、包銀。四年，以秋旱霜災，減大名等路稅糧。至元三年，以東平等處蠶災，減其絲料。五年，以益都等路禾損，蠲其差稅。六年，以濟南、益都、懷孟、德州、淄萊、博州、曹州、真定、順德、河間、濟州、東平、恩州、南京等處桑蠶災傷，量免絲料。七年，南京、河南蝗旱，減差徭十分之六。十九年，減京師民戶科差之半。二十年，以水旱相仍，免江南税糧十分之二。二十四年，免北京饑民差税。是年，揚州及浙西水，其地税在揚州者全免，浙西減二分。二十五年，南安等處被寇兵者，税糧免徵。二十六年，紹興路水，免地税十之三。是年六月，以禾稼不收，免遼陽差税。二十七年，大都、遼陽被災，免其包銀、俸鈔。是年六月，以霖雨免河間等路絲料之半。十月，以興、松二州霜，免其地税。二十八年，遼陽被災者，税糧皆免徵，其餘量徵其半。是年五月，以太原去歲不登，杭州被水，其太原丁地税糧、杭州地税並除之。九月，又免州路所負歲糧。二十九年，以北京地震，量減歲課。是年，以大都去歲不登，流移者衆，免其税糧及包銀、俸鈔。元貞元年，以供給繁重及水傷禾稼，免咸平府邊民差税。大德三年，以旱蝗，除揚州、淮安兩路税糧。五年，各路被災重者，其差税並除之。六年，免大都、平灤差税。七年，以内郡饑，荆湖、川蜀供給軍餉，其差税減免各有差。八年，以平陽、太原地震，免差税三年。至大元年，以江南、江北水旱民饑，其科差、夏税並免之。二年，以腹裏、江淮被災，其科差、夏税亦並免之。皇慶二年，免益都饑民貸糧。延祐二年，河南、歸德、南陽、徐、邳、陳、蔡、許州、荆門、襄陽等處水，三年，肅州等處連歲被災，皆免其民戶税糧。天曆元年，陝西霜旱，免其科差一年；鹽官州海潮，免其秋糧夏税。是年十二月，詔經寇盜剽掠州縣，免差税一年。二年，以關陝旱，免差税三年。至順元年，以河南、懷慶旱，其門攤課程及逋欠差税皆免徵。

鰥寡孤獨賑貸之制：世祖中統元年，首詔天下，鰥寡孤獨廢疾不能自存之人，天民之無告者也，命所在官司，以糧贍之。至元元年，又詔病者給藥，貧者給糧。八年，令各路設濟衆院以居處之，於糧之外，復給以薪。十年，以官吏破除入己，凡糧薪並敕於公廳給散。十九年，各路立養濟院一所，仍委憲司點治。二十年，給京師南城孤老衣糧房舍。二十八年，給寡婦冬夏衣。二十九年，給貧子柴薪，日五斤。三十一年，特賜米絹。元貞二年，詔各處孤老，凡遇寬恩，人給布帛各一。大德三年，詔遇天壽節，人給中統鈔二貫，永爲定例。六年，給死者棺木錢。

水旱疫癘賑貸之制：中統元年，平陽旱，遣使賑之。二年，遷曳捏即地貧民就食河南、平陽、太原。三年，濟南饑，以糧三萬石賑之。是年七月，以課銀一百五十錠濟甘州貧民。四年，以錢糧幣帛賑東平濟河貧民，〔一〕鈔四千錠賑諸王只必帖木兒部貧民。至元二年，以鈔百錠賑闊闊出所部軍。五年，益都民饑，驗口賑之。六年，東平、河間一十五處饑，亦驗口賑之。八年，以糧賑西京路急遞鋪兵卒。十二年，濮州等處饑，貸糧五千石。十六年，以江南所運糯米不堪用者賑貧民。十九年，眞定饑，賑糧兩月。二十年，以帛千匹、鈔三百錠，賑水達達地貧民。二十三年，大都屬郡六處饑，賑糧三月。二十四年，斡端民饑，賑鈔萬錠。是年四月，以陳米給貧民。七月，以糧給諸王阿只吉部貧民，大口二斗，小口一斗。

二十六年，京兆旱，以糧三萬石賑之。是年，又賑左右翼屯田蠻軍及月兒魯部貧民糧，各三月。二十七年，大都民饑，減直糶糧五萬石。二十八年，以去歲隕霜害稼，賑宿衞士怯憐口糧二月，以饑賑徽州、溧陽等路民糧三月。三十一年，復賑宿衞士怯憐口糧三月。元貞元年，諸王阿難答部民饑，賑糧二萬石。是年六月，以糧一千三百石賑隆興府饑民，二千石賑千戶滅禿等軍。七月，以遼陽民饑，賑糧二月。大德元年，以饑賑遼陽、水達達等戶糧五千石，公主囊加眞位糧二千石。是年，臨江、揚州等路亦饑，賑糧有差；腹裏幷江南災傷之地賑糧三月。二年，賑龍興、臨江兩路饑民，又賑金復州屯田軍糧二月。四年，鄂州等處民饑，發湖廣省糧十萬石賑之。七年，以鈔萬錠賑歸德饑民。九年，澧陽縣火，賑糧二月。十一年，以饑賑安州高陽等縣糧五千石，漷州穀一萬石，奉符等處鈔一千錠，兩浙、江東等處鈔三萬餘錠、糧二十萬餘石。又勸率富戶賑糶糧一百四十餘萬石，凡施米者，驗其數之多寡，而授以院務等官。是年，又以鈔一十四萬七千餘錠、鹽引五千道、糧三十萬石，賑紹興、慶元、台州三路饑民。皇慶元年，寧國饑，賑糧兩月。自延祐之後，腹裏、江南饑民歲加賑恤，其所賑或以糧，或以鹽引，或以鈔。

京師賑糶之制：至元二十二年始行。其法於京城南城設鋪各三所，分遣官吏，發海運之糧，減其市直以賑糶焉。凡白米每石減鈔五兩，南粳米減鈔三兩，歲以爲常。成宗元貞元年，以京師米貴，益廣世祖之制，設肆三十所，發糧七萬餘石糶之，白粳米每石中統鈔一十五兩，白米每石一十二兩，糙米每石六兩五錢。二年，減米肆爲一十所，其每年所糶，多至四十餘萬石，少亦不下二十餘萬石。至大元年，增兩城米肆爲一十五所，每肆日糶米一百石。四年，增所糶米價爲中統鈔二十五貫。自是每年所糶，率五十餘萬石。泰定二年，減米價爲二十貫。致和元年，又減爲一十五貫云。賑糶糧之外，復有紅貼糧。紅貼糧者，成宗大德五年始行。初，賑糶糧多爲豪强嗜利之徒，用計巧取，弗能周及貧民。於是令有司籍兩京貧乏戶口之數，置半印號簿文貼，各書其姓名口數，逐月對貼以給。大口三斗，小口半之。其價視賑糶之直，三分常減其一，與賑糶並行。每年撥米總二十萬四千九百餘石，閏月不與焉。其愛民之仁，於此亦可見矣。

入粟補官之制：元初未嘗舉行。天曆三年，內外郡縣亢旱爲災，於是用太師答剌罕等言，舉而行之。凡江南、陝西、河南等處定爲三等，令其富實民戶依例出米，無米者折納價鈔。陝西每石八十兩，河南幷腹裏每石六十兩，江南三省每石四十兩，實授茶鹽流官，如不仕讓封父母者聽。錢穀官考滿，依例陞轉。陝西省：一千五百石之上，從七品；一千石之上，正八品；五百石之上，從八品；三百石之上，正九品；二百石之上，從九品；一百石之上，上等錢穀官；八十石之上，中等錢穀官；五十石之上，下等錢穀官；三十石之上，旌表門閭。

河南幷腹裏：二千石之上，從七品；一千五百石之上，正八品；一千石之上，從八品；五百石之上，正九品；三百石之上，從九品；二百石之上，上等錢穀官；一百五十石之上，中等錢穀官；一百石之上，下等錢穀官。江南三省：一萬石之上，正七品；五千石之上，從七品；三千石之上，正八品；二千石之上，從八品；一千石之上，正九品；五百石之上，從九品；三百石之上，上等錢穀官；二百五十石之上，中等錢穀官；二百石之上，下等錢穀官。先已入粟，遙授虛名，今再入粟者，驗其糧數，照依資品，實授茶鹽流官。陝西：一千石之上，從七品；六百六十石之上，正八品；三百三十石之上，從八品；二百石之上，正九品；一百三十石之上，從九品。河南幷腹裏：一千三百三十石之上，從七品；一千石之上，正八品；六百六十石之上，從八品；三百三十石之上，正九品；二百石之上，從九品。江南三省：六千六百六十石之上，正七品；三千三百三十石之上，從七品；二千石之上，正八品；一千三百三十石之上，〔從八品；六百六十石之上，正九品；三百三十石之上〕，從九品。〔一二〕先已入粟，實授茶鹽流官，今再入粟者，驗其糧數，加等升除。陝西：七百五十石之上，五百石之上，二百五十石之上，一百五十石之上，一百石之上。河南幷腹裏：一千石之上，七百五十石之上，五百石之上，二百五十石之上，〔一百五十石之上〕。〔一三〕僧道入粟：三百石之上，賜六字師號，都省給之；二百石之上，四字師號，一百石之上，二字師號，禮部給之。四川省富實民戶，有能入粟赴江陵者，依河南省補官例行之。夫入粟補官，雖非先王之政，然荒札之餘，民賴其助者多矣，故特識于篇末而不敢略云。

校勘記

〔一〕每(十)〔一〕兩給米一斗　據元典章卷一五官吏添支俸給改。

〔二〕同提領俸一十一貫三錢〔三分〕三釐　按本卷所載諸官俸錢尾數或作「三錢三分三釐」，或作「六錢六分六釐」，此脫「三分」，今補。

〔三〕都水監都水卿　按本書卷九〇百官志都水監不設卿，其主官稱「都水監」。此作「都水卿」，疑誤。

〔四〕散府達魯花赤一十〔二〕頃　按通制條格卷一三祿令，腹裏官職田「每俸鈔五貫給公田一頃」，散府達魯花赤俸六十貫，其職田當爲十二頃。元典章卷一五祿廩作「十二頃」。此脫「二」字，今從道光本補。

〔五〕經歷四頃　按元制縣無經歷，按察司屬官有經歷一員，從七品，位正五品僉事下。「經歷四頃」四字疑爲錯簡，當在下文按察司「僉事六頃」四字之下。

〔六〕同知二頃州判同　按上文言腹裏上州「同知五頃，州判四頃」，至元二十一年定江南行省及諸司職田比腹裏減半，則行省上州同知職田應如通制條格卷一三祿令，作「同知二頃半，州判二頃」。

〔七〕運副三頃運判同經歷二頃知事二頃提控案牘同　通制條格卷十三祿令作「運判二頃半」、「知事一頃」。按本書卷八五百官志，運副正五品，運判正六品，經歷從七品，知事從八品，品秩不同，職田亦有等差，當以通制條格爲是。此處史文疑有誤。

〔八〕次年減價出(糴)〔糶〕　從北監本改。

〔九〕沙(靜)〔淨〕隆興　見卷一校勘記〔一四〕。

〔一〇〕兗臨(青)〔清〕萬戶府軍民船戶差稅三年　從北監本改。

〔一一〕四年以錢糧幣帛賑東平濟河貧民　按本書述賑恤事例書路府州縣，或某地某部，而不以水，此「濟河」疑爲「齊河」之誤。元初，齊河縣屬東平路。

〔一二〕二千石之上正八品一千三百三十石之上〔從八品六百六十石之上正九品三百三十石之上〕從九品　據本書卷八二選舉志補。

〔一三〕二百五十石之上〔一百五十石之上〕　據本書卷八二選舉志補。

元史卷九十七

志第四十五下

食貨五

食貨前志，據經世大典爲之目，凡十有九，自天曆以前，載之詳矣。若夫元統以後，海運之多寡，鈔法之更變，鹽茶之利害，其見於六條政類之中，及有司采訪事蹟，凡有足徵者，具錄于篇，以備參考；而喪亂之際，其亡逸不存者，則闕之。

海運

元自世祖用伯顏之言，歲漕東南粟，由海道以給京師，始自至元二十年，至于天曆、至順，由四萬石以上增而爲三百萬以上，其所以爲國計者大矣。歷歲既久，弊日以生，水旱相仍，公私俱困，疲三省之民力，以充歲運之恒數，而押運監臨之官，與夫司出納之吏，恣爲貪贖，腳價不以時給，收支不得其平，船戶貧乏，耗損益甚。兼以風濤不測，盜賊出沒，剽刼覆亡之患，自仍改至元之後，有不可勝言者矣。由是歲運之數，漸不如舊。至正元年，益以河南之粟，通計江南三省所運，止得二百八十萬石。二年，又令江浙行省及中〔正〕〔政〕院財賦總管府，〔一〕撥賜諸人寺觀之糧，盡數起運，僅得二百六十萬石而已。及汝、潁倡亂，湖廣、江右相繼陷沒，而方國珍、張士誠竊據浙東、西之地，雖縻以好爵，資爲藩屏，而貢賦不供，剝民以自奉，於是海運之舟不至京師者積年矣。

至十九年，朝廷遣兵部尚書伯顏帖木兒、戶部尚書齊履亨徵海運于江浙，〔二〕由海道至慶元，抵杭州。時達識帖睦邇爲江浙行中書省丞相，張士誠爲太尉，方國珍爲平章政事，詔命士誠輸粟，國珍具舟，達識帖睦邇總督之。既達朝廷之命，而方、張互相猜疑，士誠慮方氏載其粟而不以輸于京也，國珍恐張氏掣其舟而因乘虛以襲己也。伯顏帖木兒白于丞相，正辭以責之，巽言以諭之，乃釋二家之疑，克濟其事。先率海舟俟于嘉興之澉浦，而平江之粟展轉以達杭之石墩，又一舍而後抵澉浦，乃載于舟。海灘淺澀，躬履艱苦，粟之載于舟者，爲石十有一萬。二十年五月赴京。是年秋，又遣戶部尚書王宗禮等至江浙。二十一年五月，運糧赴京，如上年之數。九月，又遣兵部尚書徹徹不花、侍郎韓祺往徵海運一百萬石。二十二年五月，運糧赴京，視上年之數，僅加二萬而已。九月，遣戶部尚書脫脫歡察爾、兵部尚書帖木至江浙。二十三年五月，仍運糧十有三萬石赴京。九月，又遣戶部侍郎博羅帖木兒、監丞賽因不花往徵海運。士誠託辭以拒命，由是東南之粟給京師者，遂止於是歲云。

鈔法

至正十年，右丞相脫脫欲更鈔法，乃會中書省、樞密院、御史臺及集賢、翰林兩院官共議之。先是，左司都事武祺嘗建言云：「鈔法自世祖時已行之後，除撥支料本、倒易昏鈔以布天下外，有合支名目，於寶鈔總庫料鈔轉撥，所以鈔法疏通，民受其利。比年以來，失祖宗元行鈔法本意，不與轉撥，故民間流轉者少，致僞鈔滋多。」遂准其所言，凡合支名目，已於總庫轉支。至是，吏部尚書偰哲篤及武祺，俱欲迎合丞相之意。偰哲篤言更鈔法，以楮幣一貫文省權銅錢一千文爲母，而錢爲子。衆人皆唯唯，不敢出一語，惟集賢大學士兼國子祭酒呂思誠獨奮然曰：「中統、至元自有母子，上料爲母，下料爲子。比之達達人乞養漢人爲子，是終爲漢人之子而已，豈有故紙爲父，而以銅爲過房兒子者乎！」一坐皆笑。思誠又曰：「錢鈔用法，以虛換實，其致一也。今歷代錢及至正錢，中統鈔及至元鈔、交鈔，分爲五項，若下民知之，藏其實而棄其虛，恐非國之利也。」偰哲篤、武祺又曰：「至元鈔多僞，故更之爾。」思誠曰：「至元鈔非僞，人爲僞爾，交鈔若出，亦有僞者矣。且至元鈔猶故戚也，家之童稚皆識之矣。交鈔猶新戚也，雖不敢不親，人未識也，其僞反滋多爾。況祖宗成憲，豈可輕改。」偰哲篤曰：「祖宗法弊，亦可改矣。」思誠曰：「汝輩更法，又欲上誣世皇，是汝又欲與世皇爭高下也。且自世皇以來，諸帝皆謚曰孝，改其成憲，可謂孝乎！」武祺又欲錢鈔兼行，思誠曰：「錢鈔兼行，輕重不倫，何者爲母，何者爲子？汝不通古今，道聽塗說，何足以行，徒以口舌取媚大臣，可乎？」偰哲篤曰：「我等策既不可行，公有何策？」思誠曰：「我有三字策，曰行不得，行不得。」又曰：「丞相勿聽此言。如向日開金口河，成則歸功汝等，不成則歸罪丞相矣。」脫脫見其言直，猶豫未決。御史大夫也先帖木兒言曰：「呂祭酒言有是者，有非者，但不當坐廟堂高聲厲色。若從其言，此事終不行耶！」明日，諷御史劾之，思誠歸臥不出，遂定更鈔之議而奏之。下詔云：「朕聞帝王之治，因時制宜，損益之方，在乎通變。惟我世祖皇帝，建元之初，頒行中統交鈔，以錢爲文，雖鼓鑄之規未遑，而錢幣兼行之意已具。厥後印造至元寶鈔，以一當五，名曰子母相權，而錢實未用。歷歲滋久，鈔法偏虛，物價騰踴，姦僞日萌，民用匱乏。爰詢廷臣，博采輿論，僉謂拯弊必合更張。其以中統交鈔壹貫文省權銅錢一千文，准至元寶鈔二貫，仍鑄至正通寶錢與歷代銅錢並用，以實鈔法。至元寶鈔，通行如故。子母相權，新舊相濟，上副世祖立法之初意。」

十一年，置寶泉提舉司，掌鼓鑄至正通寶錢、印造交鈔，令民間通用。行之未久，物價騰踊，價逾十倍。又值海內大亂，軍儲供給，賞賜犒勞，每日印造，不可數計。舟車裝運，軸轤相接，交料之散滿人間者，無處無之。昏軟者不復行用。京師料鈔十錠，易斗粟不可得。既而所在郡縣，皆以物貨相貿易，公私所積之鈔，遂俱不行，人視之若弊楮，而國用由是遂乏矣。

鹽法

大都之鹽：元統二年四月，御史臺備監察御史言：「竊覩京畿居民繁盛，日用之中，鹽不可闕。大德中，因商販把握行市，民食貴鹽，乃置局設官賣之。中統鈔一貫，買鹽四斤八兩。後雖倍其價，猶敷民用。及泰定間，因所任局官不得其人，在上者失於鈐束，致有短少之弊。於是巨商趨利者營屬當道，以局官侵盜爲由，輒奏罷之，復從民販賣。自是鈔一貫，僅買鹽一斤。無籍之徒，私相犯界，煎賣獨受其利，官課爲所侵礙。而民食貴鹽益甚，貧者多不得食，甚不副朝廷恤小民之意。如朝廷仍舊設局，官爲發賣，庶課不虧，而民受賜矣。」

既而大都路備三巡院及大興、宛平縣所申，又戶部尚書建言，皆如御史所陳。戶部乃言，以謂「榷鹽之法，本以裕國而便民。始自大德七年罷大都運司，令河間運司兼辦。每歲存留鹽數，散之米鋪，從其發賣。後因富商專利，遂於南北二城設局，凡十有五處，官爲賣之。當時立法嚴明，民甚便益。泰定二年，因局官綱船人等多有侵盜之弊，復從民販賣，而罷所置之局。未及數載，有司屢言富商高擡價直之害。運司所言綱船作弊，蓋因立法不嚴，失於關防所致。且各處俱有官設鹽鋪，與商賈販賣並無窒礙，豈有京城之內，乃革罷官賣之局。宜准本部尚書所言，及大都路所申，依舊制於南北二城置局十有五處。每局日賣十引，設賣鹽官二員，以歲一周爲滿，責其奉公發賣。每中統鈔一貫，買鹽二斤四兩，毋令雜灰土其中，及權衡不得其平。凡買鹽過十貫者禁之，不及貫者從所買與之。如滿歲無短少失陷及元定分數者，減一界升用之；若有侵盜者，依例追斷其合賣鹽數。令河間運司分爲四季，起赴京廒，用官定法物，兩平稱收，分給各局。其所賣價鈔，逐旬起解，委本部官輪次提調之。仍委官巡視，如有豪强兼利之徒，頻買局鹽而增價轉賣於外者，從提調巡督官痛治之。仍令運司嚴督押運之人，設法防禁，毋致縱令綱船人等作弊。其客商鹽貨，從便相參發賣。」四月二十六日，中書省上奏，如戶部所擬行之。

至元三年三月，大都京廒申戶部云：「近奉文帖，起運至元二年京廒發賣食鹽一萬五千引，令兩平稱收，如數具實申部。除各綱渰沒短少鹽計八百四十八引，本廒實收一萬四千一百五十有二引，已支一萬一百引付各局發賣，見存鹽四千五十有二引，支撥欲盡。所據至元三年食鹽，宜依例於河間運司起運一萬五千引赴都，庶民間食用不闕。」戶部准其所言，乃議：「京厫食鹽，今歲宜從河間運一萬五千引，其脚價蓆索等費，令運司於鹽課錢內通算支用。仍召募有產業船戶，互相保識，每一千引爲一綱，就差各該場官一員，幷本司奏差或監運巡鹽官，每名管押一綱，於大都與國等場見收鹽內驗數，分派分司官監視，如數兩平支收，限三月內赴京厫交卸，取文憑赴部銷照。但有雜和沙土，濕潤短少數，並令本綱船戶、押運場官、奏差監運諸人，如數均賠，依例坐罪。」中書如戶部所議行之。

至正三年，監察御史王思誠、侯思禮等建言：「京師自大德七年罷大都鹽運司，設官賣鹽，置局十有五處，泰定二年以其不便罷之，元統二年又復之，迨今十年，法久弊生。在船則有侵盜滲溺之患，入局則有和雜灰土之奸。名曰一貫二斤四兩，實不得一斤之上。其潔淨不雜，而斤兩足者，唯上司提調數處耳。又常白鹽一千五百引，用船五十艘，每歲以四月起運，官鹽二萬引，用船五十艘，每歲以七月起運，而運司所遣之人，擅作威福，南抵臨清，北自通州，所至以索截河道，舟楫往來，無不被擾。名爲和顧，實乃强奪。一歲之中，千里之內，凡富商巨賈之載米粟者，達官貴人之載家室者，一概遮截，得重賄而放行，所拘留者，皆貧弱無力之人耳。其舟小而不固，滲溺侵盜，弊病多端。既達京厫，又不得依時交收，淹延歲月，困守無聊，鬻妻子、質舟楫者，往往有之。此客船所以狼顧不前，使京師百物湧貴者，實由於此。竊計官鹽二萬引，每引腳價中統鈔七貫，總爲鈔三千錠，而十五局官典俸給，以一歲計之又五百七十六錠，其就支賃房之資，短腳之價，蓆草諸物，又在外焉。當時置局設官，但爲民食貴鹽，殊不料官賣之弊，反不如商販之賤，豈忍徒費國家，而使百物貴也。宜從憲臺具呈中書省，議罷其（監）〔鹽〕局，〔三〕及來歲起運之時，出榜文播告鹽商，從便入京興販。若常白鹽所用船五十艘，亦宜於江南造小料船處如數造之。既成之後，付運司顧人運載，庶舟楫通而商賈集，則京師百物賤，而鹽亦不貴矣。」御史臺以其言具呈中書，而河間運司所申，亦如前議。

戶部言：「運司及大都路講究，卽同監察御史所言，元設（監）〔鹽〕局，合准革罷，聽從客旅興販。其常白鹽繫內府必用之物，起運如故，宜從都省聞奏。」二月初五日，中書省上奏，如戶部所擬行之。

河間之鹽：至正二年，河間運司申戶部云：「本司歲辦額餘鹽共三十八萬引，計課鈔一百一十四萬錠，以供國用，不爲不重。近年以來，各處私鹽及犯界鹽販賣者衆，蓋因軍民官失於禁治，以致侵礙官課，鹽法澀滯，實由於此。乞轉呈都省，頒降詔旨，宣諭所司，欽依規辦。」本部具呈中書省，遂於四月十七日上奏，降旨戒飭之。

七月，又據河間運司申：「本司辦課，全藉郡縣行鹽地方買食官鹽。去歲河間等路旱蝗闕食，累蒙賑恤，民力未蘇，食鹽者少。又因古北口等處，把隘官及軍人不爲用心詰捕，大都路所屬有司，亦不奉公巡禁，致令諸人裝載疙疸鹽於街市賣之，或量以斗，或盛以盤，明相饋送。今紫荆關捕獲犯人張狻羣等所載疙疸鹽，計一千六百餘斤。自至元六年三月迄今犯者，將及百起。若不申聞，恐年終課不如數，虛負其咎。」本部具呈中書省，照會樞密院給降榜文禁治之。

三年，又據河間運司申：「生財節用，固治國之常經；薄賦輕徭，實理民之大本。本司歲額鹽三十五萬引，近年又添餘鹽三萬引，元簽竈戶五千七百七十四戶，除逃亡外，止存四千三百有一戶。每年額鹽，勒令見在疲乏之戶勉强包煎。今歲若依舊煎辦，人力不足。又兼行鹽地方旱蝗相仍，百姓焉有買鹽之資。如蒙矜閔，自至正二年爲始，權免餘鹽三萬引，俟豐稔之歲，煎辦如舊。」本部以錢糧支用不敷，權擬住煎一萬引，具呈中書省。正月二十八日上奏，如戶部所擬行之。

既而運司又言：「至元三十一年，本司辦鹽額二十五萬引，自後累增至三十有五萬。元統元年，又增餘鹽三萬引，已經具呈。蒙都省奏准，住煎一萬引。外有二萬引，若依前勒令見戶包煎，實爲難堪。如幷將餘鹽二萬引住煎，誠爲便益。」戶部又以所言具呈中書省，權擬餘鹽二萬引住煎一年，至正四年煎辦如故。四月十二日上奏，如戶部所擬行之。

山東之鹽：元統二年，戶部呈：「據山東運司准濟南路牒，依副達魯花赤完者、同知闍里帖木兒所言，比大都、河間運司，改設巡鹽官一十二員，專一巡禁本部。詳山東運司，歲辦鈔七十五萬餘錠，行鹽之地，周圍三萬餘里，止是運判一員，豈能遍歷，恐私鹽來往，侵礙國課。本司既與濟南路講究便益，宜准所言。」中書省令戶部復議之，本部言：「河間運司定設奏差一十二名，巡鹽官一十六名，山東運司設奏差二十四名，今既比例添設巡鹽官外，據元設奏差內減去一十二名。」具呈中書省，如所擬行之。

三年二月，又據山東運司備臨朐、沂水等縣申：「本縣十山九水，居民稀少，元係食鹽地方，後因改爲行鹽，民間遂食貴鹽，公私不便。如蒙仍舊改爲食鹽，令居民驗戶口多寡，以輸納課鈔，則官民俱便，抑且可革私鹽之弊。」運司移文分司，幷益都路及下滕、嶧等州，從長講究，互言食鹽爲便。及准本司運使辛朝列牒云：「所據零鹽，擬依登、萊等處，銓注局官，給印置局，散賣於民，非惟大課無虧，官釋私鹽之憂，民免刑配之罪。」戶部議：「山東運司所言，於滕、嶧等處增置十有一局，如登、萊三十五局之例，於錢穀官內通行銓注局官，散賣食鹽，官民俱便。既經有司講究，宜從所議。」具呈中書省，如所擬行之。

至元二年，御史臺據山東肅政廉訪司申：「淮濟南路備章丘縣申『見奉山東運司爲本司額辦鹽課二十八萬引，除客商承辦之外，見存十三萬引，絕無買者，將及年終，歲課不能如數。所據新城、章丘、長山、鄒平、濟南俱近鹽場，與大、小淸河相接，客旅興販，宜依商河、滕、嶧等處，改爲食鹽，權派八千引，責付本處有司自備席索脚力，赴已擬固堤等場，於元統三年依例支出，均散於民』等事，竊照山東運司，初無上司明文，輒擅散民食鹽，追納課鈔，使民不得安業。今於至元元年正月、二月，兩次奉到中書戶部符文，行鹽食鹽地分已有定例，毋得椿配於民。本司不遵省部所行，寢匿符文，依前差人馳驛，督責州縣，臨逼百姓，追徵食鹽課鈔，不無擾害。據本司恣意行事，玩法擾民，理應取問，緣繫辦課之時，宜從憲臺區處。又據監察御史所呈，亦爲茲事。若便行取問，卽繫辦課時月，具呈中書省區處。」戶部議呈：「行鹽食鹽已有定所，宜從改正。若准御史臺所呈，取問運司，却緣鹽法例應從長規畫，似難別議。」中書省如所擬行之。

陝西之鹽：至元二年九月，御史臺准陝西行臺咨備監察御史帖木兒不花建言：「近蒙委巡歷奉元東道，至元元年各州縣戶口額辦鹽課，其陝西運司官不思轉運之方，每年豫期差人，分道賫引，遍散州縣，甫及旬月，杖限追鈔，不問民之無有。竊照諸處運司之例，皆運官召商發賣，惟陝西等處鹽司，近年散於民戶。且如陝西行省食鹽之戶，該辦課二十萬三千一百六十四錠有餘。於內鞏昌、延安等處認定課鈔一萬六千二百七十一錠，慶陽、環州、鳳翔、興元等處歲辦課一萬七千九百八十五錠，其餘課鈔，先因關陝旱饑，民多流亡，准中書省咨，至順三年鹽課，十分爲率，減免四分，于今三載，尙有虧負。蓋因戶口凋殘，十亡八九，縱或有復業者，家產已空，爾來歲頗豐收，而物價甚賤，得鈔爲艱。本司官皆勒有司徵辦，無分高下，一概給散，少者不下二三引，每一引收價三錠，富家無以應辦，貧下安能措畫。糶終歲之糧，不酬一引之價，緩則輸息而借貸，急則典鬻妻子。縱引目到手，力窘不能裝運，止從各處鹽商，勒價收買。舊債未償，新引又至，民力有限，官賦無窮。又寧夏所產韋紅鹽池，不辦課程，除鞏昌等處循例認納乾課，從便食用外，其池隣接陝西環州百餘里，紅鹽味甘而價賤，解鹽味苦而價貴，百姓私相販易，不可禁約。以此參詳，河東鹽池，除撈鹽戶口食鹽外，辦課引數，今後宜從運官設法，募商興販。但遇行鹽之處，諸人毋得侵擾韋紅鹽法。運司每歲分輪官吏監視，聽民采取，立法抽分，依例發賣，每引收價鈔三錠。自黃河以西，從民食用，通辦運司元額課鈔。因時夾帶至黃河東南者，同私鹽法罪之，陝西興販解鹽者不禁。如此庶望官民兩便，而課亦無虧矣。」

又據陝西漢中道肅政廉訪使胡通奉所陳云：「陝西百姓，許食解鹽，近脫荒儉，流移漸復，正宜安輯，而鹽吏不察民瘼，止以恢辦爲名，不論貧富，散引收課，或納錢入官，動經歲月，猶未得鹽。蓋因地遠，脚力艱澀。今後若令大河以東之民，分定課程，買食解鹽，其以西之民，計口攤課，任食韋紅之鹽，則官不被擾，民無蕩產之禍矣。且解鹽結之於風，韋紅之鹽產之於地，東鹽味苦，西鹽味甘，又豈肯舍其美而就其惡乎。使陝西百姓，一概均攤解鹽之課，令食韋紅之鹽，則鹽吏免巡禁之勞，而民亦受惠矣。」本臺詳所言鹽法，宜從省部定擬，具呈中書省，送戶部議之。本部議云：「陝西行臺所言鹽事，宜從都省選官，前赴陝西，與行省、行臺及河東運司官一同講究，是否便益，明白咨呈。」

三年，都省移咨陝西行省，仍摘委河東運司正官一員赴省，一同再行講究。三月初二日，陝西行省官及李御史、運司同知郝中順會鞏昌、延安、興元、奉元、鳳翔、邠州等官，與總帥汪通議等，俱稱當從御史帖木兒不花及廉使胡通奉所言，限以黃河爲界，令陝西之民從便食用韋紅二鹽，〔四〕解鹽依舊西行，紅鹽不許東渡。其咸寧、長安錄事司三處未散者，依已散州縣，一體斟酌，認納乾課，與運司已散食鹽引價同。見納乾課，辦鈔七萬錠，通行按季輸納，運司不須散引。如此則民不受害，而課以無虧矣。郝同知獨言：「運司每歲辦課四十五萬錠，陝西該辦二十萬錠，今止認七萬錠，餘十三萬錠，從何處恢辦？」議不合而散。本省檢照運司逐年申報文册，陝西止辦七萬二千六十餘錠，郝遂稱疾不出，其後訖無定論。

戶部參照至順二年中書省嘗遣兵部郎中井朝散，與陝西行省官一同講究，以涇州白家河永為定界，聽民食用。仍督所在軍民官嚴行禁約，毋致韋紅二鹽犯境侵課。中書如所擬行之。

兩淮之鹽：至元六年八月，兩淮運司准行戶部尚書運使王正奉牒：「本司自至元十四年創立，當時鹽課未有定額，但從實恢辦，自後累增至六十五萬七十五引。客人買引，自行赴場支鹽，場官逼勒竈戶，加其斛面，以通鹽商，壞亂鹽法。大德四年，中書省奏准，改法立倉，設綱儹運，撥袋支發，以革前弊。本司行鹽之地，江浙、江西、河南、湖廣所轄路分，上江下流，鹽法通行。至大間，煎添正額餘鹽三十萬引，通九十五萬七十五引。客商運至揚州東關，俱於城河內停泊，聽候通放，不下三四十萬餘引，積疊數多，不能以時發放。至順四年，前運使韓大中等又言：『歲賣額鹽九十五萬七十五引。客商買引，關給勘合，赴倉支鹽，雇船脚力，每引遠倉該鈔十二三貫，近倉不下七八貫，運至揚州東關，俟候以次通放。其船梢人等，恃以鹽主不能照管，視同己物，恣為侵盜，弊病多端。及事敗到官，非不嚴加懲治，莫能禁止。其所盜鹽，以鈔計之，不過折其舊船以償而已，安能如數徵之。是以裏河客商，虧陷資本，外江興販，多被欺侮，而百姓高價以買不潔之鹽，公私俱受其害。』竊照揚州東關城外，沿河兩岸，多有官民空閑之地。如蒙聽從鹽商自行賃買基地，起造倉房，支運鹽袋到（槁）〔場〕，〔五〕籍定資次，貯置倉內，以俟通放，臨期用船，載往眞州發賣，既防侵盜之患，可爲悠久之利，其於鹽法非小補也。」

既申中書戶部及河南行省，照勘議擬，文移往復，紛紜不決。久之，戶部乃定議，令運司於已收在官客商帶納挑河錢內，撥鈔一萬錠，起蓋倉房，仍從都省移咨河南行省，委官與運司偕往，相視空地，果無違礙，而後行之。

兩浙之鹽：至元五年，兩浙運司申中書省云：

本司自至元十三年創立，當時未有定額。至十五年始立額，辦鹽十五萬九千引。自後累增至四十五萬引，元統元年又增餘鹽三萬引，每歲總計四十有八萬。每引初定官價中統鈔五貫，自後增爲九貫、十貫，以至三十、五十、六十、一百，今則爲三錠矣。每年辦正課中統鈔一百四十四萬錠，較之初年，引增十倍，價增三十倍。課額愈重，煎辦愈難，兼以行鹽地界所拘戶口有限。前時聽從客商就場支給，設立檢校所，稱檢出場鹽袋。又因支查停積，延祐七年，比兩淮之例，改法立倉，綱官押船到場，運鹽赴倉收貯，客旅就倉支鹽。始則爲便，經今二十餘年，綱場倉官任非其人，惟務掊克。況淮、浙風土不同，兩淮跨涉四省，課額雖大，地廣民多，食之者衆，可以辦集。本司地界，居江枕海，煎鹽亭竈，散漫海隅，行鹽之地，裏河則與兩淮隣接，海洋則與遼東相通，番舶往來，私鹽出沒，侵礙官課，雖有刑禁，難盡防禦。鹽法隳壞，亭民消廢，其弊有五：

本司所轄場司三十四處，各設令、丞、管勾、典史，管領竈戶火丁。用工之時，正當炎暑之月，晝夜不休。纔値陰雨，束手彷徨。貧窮小戶，餘無生理，衣食所資，全籍工本，稍存抵業之家，十無一二。有司不體其勞，又復差充他役。各場元簽竈戶一萬七千有餘，後因水旱疫癘，流移死亡，止存七千有餘。卽今未蒙簽補，所據拋下額鹽，唯勒見戶包煎而已。若不早爲簽補，優加存恤，將來必致損見戶而虧大課。此弊之一也。

又如所設三十五綱監運綱司，專掌召募船戶，照依隨場日煎月辦課額，官給水脚錢，就場支裝所煎鹽袋，每引元額四百斤，又加折耗等鹽十斤，裝爲二袋，綱官押運前赴所撥之倉而交納焉。客人到倉支鹽，如自二月至於十月河凍之時，以運足爲度，其立法非不周密也。今各綱運鹽船戶，經行歲久，奸弊日滋。凡遇到場裝鹽之時，私屬鹽場官吏司秤人等，重其斤兩，裝爲硬袋，出場之後，沿途盜賣，雜以灰土，補其所虧。

及到所赴之倉，而倉官司秤人又各受賄，旣不加辨，秤盤又不如法。在倉日久，又復消折。袋法不均，誠非細故。不若仍舊令客商就場支給，旣免綱運俸給水脚之費，又鹽法一新。此弊之二也。

本司歲辦額鹽四十八萬引，行鹽之地，兩浙、江東凡一千九百六萬餘口。每日食鹽四錢一分八釐，總而計之，爲四十四萬九千餘引。雖賣盡其數，猶剩鹽三萬一千餘引。每年督勒有司，驗戶口請買。又值荒歉連年，流亡者衆，兼以瀕江並海，私鹽公行，軍民官失於防禦，所以各倉停積累歲未賣之鹽，凡九十餘萬引，無從支散。如蒙早降定制，以憑遵守，賞罰旣明，私鹽減少，戶口食鹽，不致廢弛。此弊之三也。

又每季拘收退引，凡遇客人運鹽到所賣之地，先須住報水程及所止店肆，繳納退引。豈期各處提調之官，不能用心檢舉，縱令吏胥坊里正等，需求分例錢，不滿所欲，則多端留難。客人或因發賣遲滯，轉往他所，水程雖住，引不拘納，遂有埋沒，致容姦民藏匿在家，影射私鹽，所司亦不檢勘拘收。其懦善者，賣過官鹽之後，卽將引目投之鄉胥。又有狡猾之徒，不行納官，通同鹽徒，執以爲憑，興販私鹽。如蒙將有司官吏，明定黜降罪名，使退引盡實還官，不致影射私鹽。此弊之四也。

本司自延祐七年改立杭州等七倉，設置部轄，掌收各綱船戶，運到鹽袋，貯頓在倉，聽候客人，依次支鹽，俱有定制。比年以來，各倉官攢，肆其貪欲，出納之間，兩收其利。凡遇綱船到倉，必受船戶之賄，縱其雜和灰土，收納入倉。或船戶運至好鹽，無錢致賄，則故生事留難，以致停泊河岸，侵欺盜賣。其倉官與監運人等爲弊多端，是以各倉積鹽九十餘萬引，新舊相並，充溢廊屋，不能支發，走鹵消折，利害非輕。雖繫客人買過之物，課鈔入官，實恐年復一年，爲患益甚。若仍舊令客商自備脚力，就場支裝，庶免停積。此弊之五也。

五者之中，各倉停積，最爲急務。驗一歲合賣之數，止該四十四萬餘引，儘賣二年，尚不能盡，又復煎運到倉，積累轉多。如蒙特賜奏聞，選委德望重臣，與拘該官府，從長講究，參酌時宜，更張法制，定爲良規，惠濟黎元，庶望大課無虧。見爲住煎餘鹽三萬引，差人齎江浙行省咨文赴中書省，請照詳焉。

戶部詳運司所言，除餘鹽三萬引別議外，其餘事理，未經行省明白定擬，呈省移咨，從長講究。六年五月，中書省奏，選官整治江浙鹽法，命江浙行省右丞納麟及首領官趙郎中等提調，既而納麟又以他故辭。

至正元年，運使霍亞中又言：「兩淮、福建運司，俱有餘鹽，已行住免。本司繫同一體，如蒙依例住煎三萬引，庶大課易爲辦集。」中書省上奏，得旨權將餘鹽三萬引倚閣，俟鹽法通行而後辦之。

二年十月，中書右丞相脫脫、平章鐵木兒塔識等奏：「兩浙食鹽，害民爲甚，江浙行省官、運司官屢以爲言。擬合欽依世祖皇帝舊制，除近鹽地十里之內，令民認買，革罷見設鹽倉綱運，聽從客商赴運司買引，就場支鹽，許於行鹽地方發賣，革去派散之弊。及設檢校批驗所四處，選任廉幹之人，直隸運司，如遇客商載鹽經過，依例秤盤，均平袋法，批驗引目，運司官常行體究。又自至元十三年歲辦鹽課，額少價輕，今增至四十五萬，額多價重，轉運不行。今戶部定擬，自至正三年爲始，將兩浙額鹽量減一十萬引，俟鹽法流通，復還元額，散派食鹽，擬合住罷。」有旨從之。

福建之鹽：至元六年正月，江浙行省據福建運司申：「本司歲辦額課鹽，十有三萬九引一百八十餘斤，今查勘得海口等七場，至元四年閏八月終，積下附餘增辦等鹽十萬一千九百六十二引二百六十二斤。看詳，既有積儹附餘鹽數，據至元五年額鹽，擬合照依天曆元年住煎正額五萬引，不給工本，將上項餘鹽五萬，准作正額，省官本鈔二萬錠，免致亭民重困。本年止辦額鹽八萬九引一百八十餘斤，計鹽十有三萬九引有奇，通行發賣，辦納正課。除留餘鹽五萬餘引，預支下年軍民食鹽，實爲官民便益。」本省如所擬，咨呈中書省。送戶所擬行之。

部參詳，亦如所擬。其下餘鹽五萬一千九百六十二引，發賣爲鈔，通行起解。回咨本省，從宜公同講究。」二年六月，江浙行省左丞與行臺監察御史、福建廉訪司官及運使常山李鵬舉、漳州等八路正官講究得食鹽不便，其目有三：一曰餘鹽三萬引，難同正額，擬合除免。二曰鹽額太重，比依廣海例，止收價二錠。三曰住罷食鹽，並令客商通行。

至正元年，詔：「福建、山東俵賣食鹽，病民爲甚。行省、監察御史、廉訪司拘該有司官，

福建鹽課始自至元十三年，見在鹽六千五十五引，每引鈔九貫。二十年，煎賣鹽五萬四千二百引，每引鈔十四貫。二十五年，增爲一錠。三十一年，始立鹽運司，增鹽額爲七萬引。元貞二年，每引增價十五貫。大德八年，罷運司，併入宣慰使司恢辦。十年，立都提舉司，增鹽額爲十萬引。至大元年，各場煎出餘鹽三萬引。四年，復立運司，遂定額爲十三萬引，增價鈔爲二錠。延祐元年，又增爲三錠，運司又從權改法，建、延、汀、邵仍舊客商興販，而福、興、漳、泉四路椿配民食，流害迄今三十餘年。本道山多田少，土瘠民貧，民不加多，鹽額增重。八路秋糧，每歲止二十七萬八千九百餘石，夏稅不過一萬一千五百餘錠，而鹽課十三萬引，該鈔三十九萬錠。民力日弊，每遇催徵，貧者質妻鬻子以輸課，至無可規措，往往逃移他方。近年漳寇擾攘，亦由於此。運司官耳聞目見，蓋因職專恢辦，惠無所施。如

蒙欽依詔書事意，罷餘鹽三萬引，革去散賣食鹽之弊，聽從客商八路通行發賣，誠爲官民兩便。其正額鹽，若依廣海鹽價，每引中統鈔二錠，宜從都省區處。

江浙行省遂以左丞所講究，咨呈中書省，送戶部定擬，自至正三年爲始，將餘鹽三萬引，權令減免，散派食鹽擬合住罷。其減正額鹽價，卽與廣海提舉司事例不同，別難更議。十月二十八日，右丞相脫脫、平章帖木兒達失等，以所擬奏而行之。

廣東之鹽：至元二年，御史臺准江南諸道行御史臺咨備監察御史韓承務建言：「廣東道所管鹽課提舉司，自至元十六年爲始，止辦鹽額六百二十一引，自後累增至三萬五千五百引，延祐間又增餘鹽，通正額計五萬五百五十二引。竈戶窘於工程，官民迫於催督，呻吟愁苦，已逾十年。泰定間，蒙憲臺及奉使宣撫，交章敷陳，減免餘鹽一萬五千引。元統元年，都省以支持不敷，權將已減餘鹽，依舊煎辦，今已三載，未蒙住罷。竊意議者，必謂廣東控制海道，連接諸蕃，船商輳集，民物富庶，易以辦納，是蓋未能深知彼中事宜。本道所轄七路八州，平土絕少，加以嵐瘴毒癘，其民刀耕火種，巢顚穴岸，崎嶇辛苦，貧窮之家，經歲淡食，額外辦鹽，賣將誰售。所謂富庶者，不過城郭商賈與舶船交易者數家而已。竈戶鹽丁，十逃三四，官吏畏罪，止將見存人戶，勒令帶煎。又有大可慮者，本道密邇蠻獠，民俗頑惡，誠恐有司責辦太嚴，斂怨生事，所繫非輕。如蒙捐此微利，以示大信，疲民幸甚。」具呈中書省，送戶部定擬，自元統三年爲始，廣東提舉司所辦餘鹽，量減五千引。十月初九日，中書省以所擬奏聞，得旨從之。

廣海之鹽：至元五年三月，湖廣行省咨中書省云：「廣海鹽課提舉司額鹽三萬五千一百六十五引，餘鹽一萬五千引。近因黎賊爲害，民不聊生，正額積虧四萬餘引，卧收在庫。若復添辦餘鹽，困苦未甦，恐致不安。事關利害，如蒙憐憫，聞奏除免，庶期元額可辦，不致遺患邊民。」戶部議云：「上項餘鹽，若全恢辦，緣非元額，兼以本司僻在海隅，所轄竈民，累遭刼掠，死亡逃竄，民物凋弊，擬於一萬五千引內，量減五千引，以舒民力。」中書以所擬奏聞，得旨從之。

四川之鹽：元統三年，四川行省據鹽茶轉運使司申：「至順四年，中書坐到添辦餘鹽一萬引外，又帶辦兩浙運司五千引，與正額鹽通行煎辦，已後支用不闕，再行議擬。卑司爲各場別無煎出餘鹽，不免勒令竈戶承認規劃，幸已足備。以後年分，若不申覆，誠恐竈戶逃竄，有妨正課。如蒙憐憫，備咨中書省，於所辦餘鹽一萬引內，量減帶辦兩浙之數。」又准分司運官所言云：「四川鹽井，俱在萬山之間，比之腹裏、兩淮，優苦不同，又行帶辦餘鹽，竈民由此而疲矣。」行省咨呈中書省，上奏得旨，權以帶辦餘鹽五千引倚閣之。

茶法

至元二年，江西、湖廣兩行省具以茶運司同知萬家閭所言添印茶由事，咨呈中書省云：「本司歲辦額課二十八萬九千二百餘錠。除門攤批驗鈔外，數內茶引一百萬張，每引十二兩五錢，共爲鈔二十五萬錠。末茶自有官印筒袋關防，其零斤草茶由帖，每年印造一千三百八萬五千二百八十九斤，該鈔二萬九千八十餘錠。茶引一張，照茶九十斤，客商興販。其小民買食及江南產茶去處零斤採賣，皆須由帖爲照。春首發賣茶由，至於夏秋，茶由盡絕，民間闕用。以此考之，茶由數少課輕，便於民用而不敷，茶引課重數多，止於商旅興販，年終尙有停閑未賣者。每歲合印茶由，以十分爲率，量添二分，計二百六十一萬七千五十八斤。算依引目內官（鈔）〔茶〕，〔六〕每斤收鈔一錢三分八釐八毫八絲，計增鈔七千二百六十九錠七兩，比驗減去引目二萬九千七十六張，庶幾引不停閑，茶無私積。中書戶部定擬，江西茶運司歲辦公據十萬道，引一百萬，計鈔二十八萬九千二百餘錠。茶引便於商販，而山場小民全憑茶由爲照，歲辦茶由一千三百八萬五千二百八十九斤，每斤一錢一分一釐一毫一絲，計鈔五千八百一十六錠七兩四錢一分，減引二萬三千二百六十四張。茶引一張，造茶九十斤，納官課十二兩五錢。如於茶由量添二分，計二百六十一萬七千五十八斤，每斤添收鈔一錢三分八釐八毫八絲，計鈔七千二百六十九錠七兩，積出餘零鈔數，官課無虧，而便於民用。」合准本省所擬，具呈中書省，移咨行省，如所擬行之。

至正二年，李宏陳言內一節，言江州茶司據引不便事云：「榷茶之制，古所未有，自唐以來，其法始備。國朝既於江州設立榷茶都轉運司，仍於各路出茶之地設立提舉司七處，專任散據賣引，規辦國課，莫敢誰何。每至十二月初，差人勾集各處提舉司官吏，關領次年據引。及其到司，旬月之間，司官不能偕聚。吏貼需求，各滿所欲，方能給付據引。此時春月已過。及還本司，方欲點對給散，又有分司官吏，到各處驗戶散據賣引。每引十張，除正納官課一百二十五兩外，又取要中統鈔二十五兩，名爲搭頭事例錢，以爲分司官吏饋饍之資。提舉司雖以榷茶爲名，其實不能專散據賣引之任，不過爲運司官吏營辦資財而已。上行下效，勢所必然。提舉司既見分司官吏所爲若是，亦復倣效遷延。及茶戶得據還家，已及五六月矣。中間又存留茶引二三千本，以茶戶消乏爲名，轉賣與新興之戶。每據又多取中統鈔二十五兩，上下分派，各爲己私。不知此等之錢，自何而出，其爲茶戶之苦，有不可言。至如得據在手，碾磨方興，吏卒踵門，催併初限。不知茶未發賣，何從得錢。間有充裕之家，所言行之。必須別行措辦。其力薄者，例被拘監，無非典鬻家私，以應官限。及終限不能足備，上司緊併，重復勾追，非法苦楚。此皆由運司給引之遲，分司苛取之過。茶戶本圖求利，反受其害，日見消乏逃亡，情實堪憫。今若申明舊制，每歲正月，須要運司盡將據引給付提舉司，隨時派散，無得停留在庫，多收分例，妨誤造茶時月；如有過期，別行定罪。仍不許運司似前分司自行散賣據引，違者從肅政廉訪司依例糾治。如此，庶茶司少革貪黷之風，茶戶免損乏之害。」中書省以其言送戶部定擬，復移咨江西行省，委官與茶運司講究，如果便益，如所言行之。

校勘記

〔一〕中（正）〔政〕院　見卷三三校勘記〔一〕。

〔二〕戶部尙書齊履亨　按「齊履亨」本書卷四五順帝紀至正十九年九月條作「曹履亨」，官名事跡均同。卷四七順帝紀至正二十六年六月己未條又有命「曹履亨撫諭沿海竈戶」事。疑此處「齊」當作「曹」。

〔三〕議罷其（監）〔鹽〕局　按本書卷三八順帝紀元統二年四月癸未有「立鹽局于京師南北城，官自賣鹽，以革專利之弊」。此處之請罷置者，卽京師南北城十五處鹽局，「監」爲「鹽」字之誤，今改。下同。王圻續通考已校。

〔四〕令陝西之民從便食用韋紅二鹽　「二」字疑爲「之」字之誤。「韋紅二鹽」應如上文作「韋紅之鹽」，即原韋州地面紅鹽池之鹽。下同。

〔五〕支運鹽袋到（橋）〔場〕　從道光本改。

〔六〕算依引目內官（鈔）〔茶〕　據文義改。新元史已校。

元史卷九十八

志第四十六

兵一

兵者，先王所以威天下，而折奪姦宄、戡定禍亂者也。三代之制遠矣，漢、唐而下，其法變更不一。大抵用得其道，則兵力富，而國勢强；用失其宜，則兵力耗，而國勢弱。故兵制之得失，國勢之盛衰繫焉。

元之有國，肇基朔漠。雖其兵制簡略，然自太祖、太宗，滅夏剪金，霆轟風飛，奄有中土，兵力可謂雄勁者矣。及世祖卽位，平川蜀，下荆襄，繼命大將帥師渡江，盡取南宋之地，天下遂定于一，豈非盛哉。

考之國初，典兵之官，視兵數多寡，爲爵秩崇卑。長萬夫者爲萬戶，千夫者爲千戶，百夫者爲百戶。世祖時，頗修官制，內立五衞，以總宿衞諸軍，衞設親軍都指揮使；外則萬戶之下置總管，千戶之下置總把，百戶之下置彈壓，立樞密院以總之。遇方面有警，則置行樞密院，事已則廢，而移都鎮撫司屬行省。萬戶、千戶、百戶分上中下。萬戶佩金虎符。符趺爲伏虎形，首爲明珠，而有三珠、二珠、一珠之別。千戶金符，百戶銀符。萬戶、千戶死陣者，子孫襲爵，死病則降一等。總把、百戶老死，萬戶遷他官，皆不得襲。是法尋廢，後無大小，皆世其官，獨以罪去者則否。

若夫軍士，則初有蒙古軍、探馬赤軍。蒙古軍皆國人，探馬赤軍則諸部族也。其法，家有男子，十五以上、七十以下，無衆寡盡簽爲兵。十人爲一牌，設牌頭，上馬則備戰鬬，下馬則屯聚牧養。孩幼稍長，又籍之，曰漸丁軍。既平中原，發民爲卒，是爲漢軍。或以貧富爲甲乙，戶出一人，曰獨戶軍，合二三而出一人，則爲正軍戶，餘爲貼軍戶。或以男丁論，嘗以二十丁出一卒，至元七年十丁出一卒。或以戶論，二十戶出一卒，而限年二十以上者充。士卒之家，爲富商大賈，則又取一人，曰餘丁軍，至十五年免。或取匠爲軍，曰匠軍。或取諸侯將校之子弟充軍，曰質子軍，又曰禿魯華軍。是皆多事之際，一時之制。

天下既平，嘗爲軍者，定入尺籍伍符，不可更易。詐增損丁產者，覺則更籍其實，而以印印之。病死戍所者，百日外役次丁；死陣者，復一年。貧不能役，則聚而一之，曰合併；貧甚者、老無子者，落其籍。戶絕者，別以民補之。奴得縱自便者，俾爲其主貼軍。其戶逃而還者，復三年，又逃者杖之，投他役者還籍。其繼得宋兵，號新附軍。又有遼東之糺軍、契丹軍、女直軍、高麗軍，雲南之寸白軍，福建之畬軍，則皆不出戍他方者，蓋鄉兵也。又有以技名者，曰炮軍、弩軍、水手軍。應募而集者，曰答刺罕軍。

其名數，則有憲宗二年之籍，世祖至元八年之籍、十一年之籍，而新附軍有二十七年之籍。以兵籍係軍機重務，漢人不閱其數。雖樞密近臣職專軍旅者，惟長官一二人知之。故有國百年，而內外兵數之多寡，人莫有知之者。

今其典籍可考者，曰兵制，曰宿衞，曰鎮戍，而馬政、屯田、站赤、弓手、急遞鋪兵、鷹房捕獵，非兵而兵者，亦以類附焉，作兵志。

兵制

太宗元年十一月，詔：「兄弟諸王諸子幷衆官人等所屬去處簽軍事理，有妄分彼此者，達魯花赤幷官員皆罪之。每一牌子簽軍一名，限年二十以上、三十以下者充，仍定立千戶、百戶、牌子頭。其隱匿不實及知情不首幷隱藏逃役軍人者，皆處死。」

七年七月，簽宣德、西京、平陽、太原、陝西五路人匠充軍，命各處管匠頭目，除織匠及和林建宮殿一切合干人等外，應有回回、河西、漢兒匠人，幷札魯花赤及札也、種田人等，通驗丁數，每二十人出軍一名。

八年七月，詔：「燕京路保州等處，每二十戶簽軍一名，令答不葉兒統領出軍。眞定、河間、邢州、大名、太原等路，除先簽軍人外，於斷事官忽都虎新籍民戶三十七萬二千九百七十二人數內，每二十丁起軍一名，亦令屬答不葉兒領之。」

十三年八月，諭總管萬戶劉黑馬，據斜烈奏，忽都虎等元籍諸路民戶一百萬四千六百五十六戶，除逃戶外，有七十二萬三千九百一十戶，隨路總簽軍一十萬五千四百七十一名，點數過九萬七千五百七十五人，餘因近年蝗旱，民力艱難，往往在逃。有旨，今後止驗見在民戶簽軍，仍命逃戶復業者免三年軍役。

世祖中統元年六月，詔罷解鹽司軍一百人。初，解鹽司元籍一千鹽戶內，每十戶出軍一人，後阿藍答兒倍其役。世祖以重困其民，罷之。七月，以張榮實從南征，多立功，命爲水軍萬戶兼領霸州民戶。諸水軍將吏河陰（路）〔縣〕達魯花赤胡玉、〔二〕千戶王端臣軍七百有四人，八柳樹千戶斡來軍三百六十一人，孟州龐抄兒赤、張信軍一百九十人，濱棣州海口總把張山軍一百人，滄州海口達魯花赤塔剌海軍一百人，睢州李總管麾下孟春等五十五人，霸州蕭萬戶軍一百九十五人，悉聽命焉。

三年三月，詔：「眞定、彰德、邢州、洺磁、東平、大名、平陽、太原、衞輝、懷孟等路各處，有舊屬按札兒、孛羅、笑乃䚟、闊闊不花、不里合拔都兒等官所管探馬赤軍人，乙卯歲籍爲民戶，亦有簽充軍者。若壬寅、甲寅兩次簽定軍，已入籍册者，令隨各萬戶依舊出征；其或未嘗爲軍，及蒙古、漢人民戶內作數者，悉簽爲軍。」六月，以軍士訴貧乏者衆，命貧富相兼應役，實有不能自存者優恤三年。十月，諭山東東路經略司：「益都路匠軍已前曾經簽把者，可遵別路之例，俾令從軍。」以鳳翔府屯田軍人準充平陽軍數，仍於鳳翔屯田，勿遣從軍。刁國器所管重簽軍九百一十五人，卽日放罷爲民。陝西行省言：「士卒戍金州者，諸奧魯已嘗服役，今重勞苦。」詔罷之。併罷山東、大名、河南諸路新簽防城戍卒。

四年二月，詔：「統軍司及管軍萬戶、千戶等，可遵太祖之制，令各官以子弟入朝充禿魯花。」其制：萬戶，禿魯花一名，馬一十匹，牛二具，種田人四名。千戶見管軍五百或五百已上者，禿魯花一名，馬六匹，牛一具，種田人二名。雖所管軍不及五百，其家富强子弟健壯者，亦出禿魯花一名，馬匹、牛具、種田人同。萬戶、千戶子弟充禿魯花者，挈其妻子同至，從人不拘定數，馬匹、牛具，除定去數目已上，復增餘者聽。若有貧乏不能自備者，於本萬戶內不該出禿魯花之人，通行津濟起發，不得因而科及衆軍。萬戶、千戶或無親子、或親子幼弱未及成人者，以弟姪充，候親子年及十五，却行交換。若委有親子，不得隱匿代替，委有氣力，不得妄稱貧乏，及雖到來，氣力却有不完者，並罪之。是月，帝以太宗舊制，設官分職，軍民之事，各有所司。後多故之際，不暇分別，命阿海充都元帥，專於北京、東京、平灤、懿州、蓋州路管領見管軍人，凡民間之事毋得預焉。五月，立樞密院，凡蒙古、漢軍並聽樞密節制。統軍司、都元帥府，除遇邊面緊急事務就便調度外，其軍情一切大小公事，並須申覆。合設奧魯官，並從樞密院設置。七月，詔免河南保甲丁壯、射生軍三千四百四十一戶雜泛科差，專令守把巡哨。八月，諭成都路行樞密院：「近年軍人多逃亡事故者，可於各奧魯內盡實簽補，自乙卯年定入軍籍之數，悉簽起赴軍。」十一月，女直、水達達及乞烈賓地合簽鎮守軍，命亦里不花簽三千人，付塔匣來領之；並達魯花赤官之子及其餘近上戶內，亦令簽軍，聽亦里不花節制。

至元二年八月，陝西五路西蜀四川行省言：「新簽軍七千人，若發民戶，恐致擾亂。今鞏昌已有舊軍三千，諸路軍二千，餘二千人亦不必發民戶，當以便宜起補。」從之。十一月，省院官議，收到私走間道、盜販馬匹、曾過南界人三千八百四戶，悉令充軍，以一千九百七十八人與山東路統軍司，一千人與蔡州萬戶，餘八百二十六戶，有旨留之軍中。

三年七月，添內外巡軍，外路每百戶選中產者一人充之，其賦令餘戶代輸，在都增武衞軍四百。

四年正月，簽蒙古軍，每戶二丁、三丁者一人，四丁、五丁者二人，六丁、七丁者三人。二月，詔遣官簽平陽、太原人戶爲軍，除軍、站、僧、道、也里可溫、答失蠻、儒人等戶外，於係官、投下民戶、運司戶、人匠、打捕鷹房、金銀鐵冶、丹粉錫碌等，不以是何戶計，驗酌中戶內丁多堪當人戶，簽軍二千人，定立百戶、牌子頭，前赴陝西五路西蜀四川行中書省所轄東川出征。復於京兆、延安兩路簽軍一千人，如平陽、太原例。五月，詔：「河南路驗酌中戶內丁多堪當軍人戶，簽軍四百二十名，歸之樞密院，俾從軍，復其徭役。南京路，除邳州、南宿州外，依中書省分間定應簽軍人戶，驗丁數，簽軍二千五百八十名，管領出征。」十二月，簽女直、水達達軍三千人。

五年閏正月，詔益都李璮元簽軍，仍依舊數充役。二月，詔諸路奧魯毋隸總管府，別設總押所官，聽樞密院節制。六月，省臣議：「簽起禿魯花官員，皆已遷轉，或物故黜退者，於內復有貧難蒙古人氏，除隨路總管府達魯花赤、總管及掌兵萬戶，合令應當，其次官員禿魯花，宜放罷，其自願留質者聽之。」十月，禁長軍之官不得侵漁士卒，違者論罪。十一月，簽山東、河南沿邊州城民戶爲軍，遇征進，則選有力之家同元守邊城漢軍一體出征，其無力之家代守邊城及屯田勾當。

六年二月，簽懷孟、衞輝路丁多人戶充軍，益都、淄萊所轄登、萊州李璮舊軍內，起簽一萬人，差官部領出征。其淄萊路所轄淄、萊等處有非李璮舊管者，簽五百二十六人，其餘諸色人戶，亦令酌驗丁數，簽軍起遣，至軍前赴役。十月，從山東路統軍司言，應係逃軍未獲者，令其次親丁代役，身死軍人亦令親丁代補，無親丁則以少壯驅丁代之。

七年三月，定軍官等級，萬戶、千戶、百戶、總把以軍士爲差。六月，成都府括民三萬一千七十五戶，簽義士軍八千六十七人。七月，分揀隨路砲手軍。始太祖、太宗征討之際，於隨路取發，幷攻破州縣，招收鐵木金火等人匠充砲手，管領出征，壬子年俱作砲手附籍。中統四年揀定，除正軍當役外，其餘戶與民一體當差。後爲出軍正戶煩難，至元四年取元充砲手民戶津貼，其間有能與不能者，影占不便，至是分揀之。

八年二月，以瓜州、沙州鷹房三百人充軍。

九年正月，河南省請益兵，敕諸路簽軍三萬。詔元帥府、統軍司、總管萬戶府閱實軍籍。二月，命阿朮典行省蒙古軍，劉整、阿里海牙典漢軍。四月，詔：「諸路軍戶驅丁，除至元六年前從良入民籍者當差。七年後，凡從良文書寫從便爲民者，亦如之。餘雖從良，並令津助本戶軍役。」七月，閱大都、京兆等處探馬赤戶名籍。九月，詔樞密：「諸路正軍貼戶及同籍親戚僮奴，丁年堪役，依諸王權要以避役者，並還之軍，惟匠藝精巧者以名聞。」十二月，命府州司縣達魯花赤及治民長官，不妨本職，兼管諸軍奧魯。各路總管府達魯花赤、總管，別給宣命印信，府州司縣達魯花赤長官止給印信，任滿則別具解由，申樞密院。

十年正月，合剌請於渠江之北雲門山及嘉陵西岸虎頭山立二戍，以其圖來上，仍乞益兵二萬，敕給京兆新簽軍五千人益之。陝西京兆、延安、鳳翔三路諸色人戶，約六萬戶內，簽軍六千。五月，禁乾討虜人，其願充軍者，於萬戶、千戶內結成牌甲，與大軍一體征進。八月，禁軍吏之長舉債，不得重取其息，以損軍力，違者罪之。九月，襄陽生券軍至都釋械繫免死，聽自立部伍，俾征日本，仍於蒙古、漢人內選官率領之。

十一年正月，初立軍官以功陞散官格。五月，便宜總帥府言：「本路軍經今四十年間，或死或逃，無丁不能起補，見在軍少，乞選擇堪與不堪丁力，放罷貧乏無丁者，於民站內別選充役。」從之。詔延安府、沙井、(靜)〔淨〕州等處種田白達達戶，〔三〕選其可充軍者，簽起出征。六月，潁州屯田總管李珣言：「近爲簽軍事，乞依徐、邳州屯田例，每三丁內，一丁防城，二丁納糧，可簽丁壯七百餘人，并元撥保甲丁壯，令珣通領，鎮守潁州，代見屯納合監戰軍馬別用。」從之。

十二年三月，遣官往遼東，簽揀蒙古達魯花赤、千戶、百戶等官子弟出軍。詔隨處所置襄陽生券軍之爲農者，或自願充軍，具數以聞。五月，正陽萬戶劉復亨言：「新下江南三十餘城，俱守以兵，及江北、淮南、潤、揚等處未降，軍力分散，調度不給，以致鎮巢軍、滁州兩處復叛。乞簽河西等戶爲軍，併力勦除，庶無後患。」有旨，命肅州達魯花赤，并遣使同往驗各色戶計物力富强者簽起之。六月，簽平陽、西京、延安等路達魯花赤弟男爲軍。萊州酒稅官王貞等上言：「國家討平殘宋，弔伐爲事，何嘗以賄利爲心。彼不紹事業小人，貪圖貨利，作乾討虜名目，侵掠彼地，所得人口，悉皆貨賣，以充酒食之費，勝則無益朝廷，敗則實爲辱國。其招討司所收乾討虜人，可悉罷之，第其高下，籍爲正軍，命各萬戶管領征進，一則得其實用，二則正王師弔伐之名，實爲便益。」從之。

十四年正月，詔：「上都、隆興、西京、北京四路編民捕獵等戶，簽選丁壯軍二千人，防守上都。」中書省議：「從各路搭配，二十五戶內取軍一名，選善騎射者充，官給行資中統鈔一錠，仍自備鞍馬衣裝器仗，編立牌甲，差官部領，前來赴役。」十二月，樞密院臣言：「收附亡宋州城，新附請糧官軍，并通事馬軍人等，軍官不肯存恤，多逃散者，乞招誘之。」命左丞陳巖等，分揀堪當軍役者，收係充軍，依舊例月支錢糧。其生券不堪當軍者，官給牛具糧食，屯田種養。

十五年正月，定軍官承襲之制。凡軍官之有功者陞其秩，元受之職，令他有功者居之，不得令子姪復代。陣亡者始得承襲，病死者降一等。總把、百戶老病死，不在承襲之例。凡將校臨陣中傷、還營病創者，亦令與陣亡之人一體承襲。禁長軍之官不恤士卒，及士卒亡命避役，侵擾初附百姓者，俱有罪。雲南行省言：「雲南舊屯駐蒙古軍甚少，遂取漸長成丁怯困都等軍，以備出征。雲南闊遠，多未降之地，必須用兵，已簽爨、僰人一萬爲軍，續取新降落落、和泥等人，亦令充軍。然其人與中原不同，若赴別地出征，必致逃匿，宜令就各所居一方未降處用之。」九月，併軍士。初，至元九年簽軍三萬，止擇精銳年壯者，不復問其貲產，且無貼戶之助，歲久多貧乏不堪。樞密院臣奏，宜縱爲民，遂併爲一萬五千。諸軍戶投充諸侯王怯憐口、人匠，或託爲別戶以避其役者，復令爲軍，有良匠則別而出之。樞密臣又言：「至元八年，於各路軍之爲富商大賈者一百四十三戶，各增一軍，號餘丁軍。今東平等路諸奧魯總管府言，往往人死產乏，不能充二軍，乞免餘丁充役者。」制可。十二月，樞密院官議：「諸軍官在軍籍者，除百戶、總把權準軍役，其元帥、招討、萬戶、總管、千戶或首領官，俱合再當正軍一名。」

十六年正月，罷五翼探馬赤重役軍。三月，括兩淮造回回礮新附軍匠六百人，及蒙古、回回、漢人、新附人能造礮者，至京師。五月，淮西道宣慰司官昂吉兒請招諭亡宋通事軍，俾屬之麾下。初，亡宋多招納北地蒙古人爲通事軍，遇之甚厚，每戰皆列於前行，願效死力。及宋亡，無所歸。朝議欲編入版籍未暇也，人人疑懼，皆不自安。至是，昂吉兒請招集，列之行伍，以備征戍，從之。九月，詔河西地未簽軍之官，及富強戶有物力者，簽軍六百人。十月，壽州等處招討使李鐵哥，請召募有罪亡命之人充軍，其言：「使功不如使過。始南宋未平時，蒙古、諸色人等，因得罪皆亡命往依焉，今已平定，尚逃匿林藪。若釋其罪而用之，必能效力，無不一當十者矣。」十一月，罷太原、平陽、西京、延安路新簽軍還籍。

十七年七月，詔江淮諸路招集答剌罕軍。初平江南，募死士願從軍者，號答剌罕，屬之劉萬戶麾下。〔三〕南北既混一，復散之，其人皆無所歸，率羣聚剽掠。至是，命諸路招集之，令萬奴部領如故，聽范左丞、李拔都二人節制。

十八年二月，併貧乏軍人三萬戶爲一萬五千，取貼戶津貼正軍充役。四月，置蒙古、漢人、新附軍總管。六月，樞密院議：「正軍貧乏無丁者，令富强丁多貼戶權充正軍應役，驗正軍物力，却令津濟貼戶，其正軍仍爲軍頭如故。或正軍實係單丁者，許傭雇練習之人應役，丁多者不得傭雇，軍官亦不得以親從人代之。」

十九年二月，諸侯王阿只吉遣使言：「探馬赤軍凡九處出征，各奧魯內復徵雜泛徭役，不便。」詔免之，幷詔有司毋重役軍戶。六月，禁長軍之官，毋得占役士卒。散定海答剌罕軍還各營，及歸戍城邑。十月，簽發漸丁軍士。遵舊制，家止一丁者不作數，凡二丁至五丁、六丁之家，止存一人，餘皆充軍。

二十年二月，命各處行樞密院造新附軍籍册。六月，從丞相伯顏議，所括宋手號軍八萬三千六百人，立牌甲，設官以統之。十月，定出征軍人亡命之罪，爲首者斬，餘令減死一等。

二十一年八月，江東道僉事馬奉訓言：「劉萬奴乾討虜軍，私相糾合，結爲徒黨，張弓挾矢，或詐稱使臣，莫若散之各翼萬戶、千戶、百戶、牌甲內管領爲便。」省院官以聞，有旨，可令問此軍：「欲從脫歡出征虜掠耶？欲且放散還家耶？」回奏：「衆軍皆言，自圍襄樊渡江以來，與國效力，願令還家少息。」遂從之。籍亡宋手記軍。宋時有是軍，死則以兄弟若子承代。有旨，依漢軍例籍之，毋涅其手。

二十二年正月，立行樞密院於江南三省，其各處行省見管軍馬悉以付焉。九月，詔福建黃華畲軍，有恒產者放爲民，無恒產與妻子者編爲守城軍。征交趾蒙古軍五百人、漢軍二千人，除留蒙古軍百人、漢軍四百人，爲鎮南王脫歡宿衞，餘悉遣還，別以江淮行樞密院蒙古軍戍江西。十月，從月的迷失言，以乾討虜軍七百人，籍名數，立牌甲，命將官之無軍者領之。十一月，御史臺臣言：「昔宋以無室家壯士爲鹽軍，內附之初，有五千人，除征占城運糧死亡者，今存一千一百二十二人。此徒皆性習凶暴，民患苦之，宜給以衣糧，使屯田自贍，庶絕其擾。」從之。十二月，從樞密院請，嚴立軍籍條例，選壯士及有力之家充軍。舊例，丁力强者充軍，弱者出錢，故有正軍、貼戶之籍。行之既久，而强者弱，弱者强，籍亦如故。其同戶異居者，私立年期，以相更代，故有老稚不免從軍，而强壯家居者，至是革焉。江浙省募鹽徒爲軍，得四千七百六十六人，選軍官麾下無士卒者，相參統之，以備各處鎭守。

二十四年閏二月，樞密院臣言：「諸軍貼戶，有正軍已死者，有充工匠者，放爲民者，有元係各投下戶回付者，似此歇閑一千三百四十戶，乞差人分揀貧富，定貼戶、正軍。」制可。

二十六年八月，樞密院議：「諸管軍官萬戶、千戶、百戶等，或治軍有法、鎭守無虞、鎧仗精完、差役均平、軍無逃竄者，許所司薦舉以聞，不次擢用。諸軍吏之長，非有上司之命，毋擅離職。諸長軍者，及蒙古、漢軍，毋得妄言邊事。」

成宗大德二年十二月，定各省提調軍馬官員。凡用隨從軍士，蒙古長官三十名，次官二十名；漢人一十名；萬戶、千戶、百戶人等，俱不得占役。行省鎭撫止用聽探外，亦不得多餘役占。

十一年四月，詔禮店軍還屬土番宣慰司。初，西川也速迭兒、按住奴、帖木兒等所統探馬赤軍，自壬子年屬籍禮店，隸王相府，後王相府罷，屬之陝西省，桑哥奏屬土番宣慰司，咸以爲不便，大德十年命依壬子之籍，至是復改屬焉。

武宗至大元年正月，以通惠河千戶劉粲所領運糧軍九百二十人，屬萬戶赤因帖木兒兵籍。十二月，丞相三寶奴等言：「國制，行省佐貳及宣慰使不得提調軍馬，若遙授平章、揚州宣慰使阿憐帖木兒者，嘗與成宗同乳母，故得行之，非常憲也。今命沙的代之，宜遵國制，勿令提調。」制可。

仁宗皇慶元年三月，中書省臣奏李馬哥等四百戶爲民。初，李馬哥等四百戶屬諸侯王脫脫，乙未年定籍爲民，高麗林衍及乃顏叛，皆嘗簽爲軍。至元八年置軍籍，以李馬哥等非七十二萬戶內軍數，復改爲民。至大四年，樞密院復奏爲軍。至是，省官以爲言，命遵乙未年已定之籍。後樞密復奏，竟以爲軍戶。十二月，省臣言：「先是樞密院奏準，雲南省宜遵各省制，其省官居長者二員，得佩虎符，提調軍馬，餘佐貳者不得預，已受虎符者悉收之。今雲南省言，本省籍軍士之力，以辦集錢穀，遇有調遣，則省官親率衆上馬，故舊制雖牧民官亦得佩虎符，領軍務，視他省爲不同。臣等議，已受虎符者依故事，未受者宜頒賜之。」制可。

二年正月，詔：「雲南省鎭遠方，掌邊務，凡事涉軍旅者，自平章至僚佐須同署押，其長官二員，復與哈必赤。」

延祐元年二月，四川省軍官闕員，詔：「依民官遷調之制，差人與本省提調官及監察御史同銓注。」

三年三月，命伯顏都萬戶府及紅胖襖總帥府各調軍九千五百人，往諸侯王所，更代守邊士卒。其屬都萬戶府者，軍一名，馬三匹；屬總帥府者，軍一名，馬二匹。令人自爲計，其貧不能自備者，則命行伍之長及百戶、千戶等助之。悉遣精銳練習騎射之士。每軍一百名，百戶一員；五百名，千戶一員。復命買住、囊加觧二人分左右部領之。

校勘記

〔一〕河陰(路)〔縣〕　按元無「河陰路」，有「河陰縣」，屬汴梁路鄭州。「路」誤，今改。

〔二〕(靜)〔淨〕州　見卷一校勘記〔一四〕。

〔三〕劉萬戶　下文逕作「萬奴」。本卷至元二十一年八月下有「劉萬奴乾討虜軍」，本書卷九九有「劉萬奴所領乾討虜軍」。新元史改「劉萬戶」爲「劉萬奴」，疑是。

元史卷九十九

志第四十七

兵二

宿衞

宿衞者，天子之禁兵也。元制，宿衞諸軍在內，而鎭戍諸軍在外，內外相維，以制輕重之勢，亦一代之良法哉。方太祖時，以木華黎、赤老溫、博尔忽、博尔朮爲四怯薛，領怯薛歹分番宿衞。及世祖時，又設五衞，以象五方，始有侍衞親軍之屬，置都指揮使以領之。而其後增置改易，於是禁兵之設，殆不止於前矣。夫屬櫜鞬，列宮禁，宿衞之事也，而其用非一端。用之於大朝會，則謂之圍宿軍；用之於大祭祀，則謂之儀仗軍；車駕巡幸用之，則曰扈從軍；守護天子之帑藏，則曰看守軍；或夜以之警非常，則爲巡邏軍；或歲漕至京師用之以彈壓，則爲鎭遏軍。今總之爲宿衞，而以餘者附見焉。

四怯薛：太祖功臣博尔忽、博尔朮、木華黎、赤老溫，時號掇里班曲律，猶言四傑也，太祖命其世領怯薛之長。怯薛者，猶言番直宿衞也。凡宿衞，每三日而一更。申、酉、戌日，博尔忽領之，爲第一怯薛，卽也可怯薛。博尔忽早絕，太祖命以別速部代之，而非四傑功臣之類，故太祖以自名領之。其云也可者，言天子自領之故也。亥、子、丑日，博尔朮領之，爲第二怯薛。寅、卯、辰日，木華黎領之，爲第三怯薛。巳、午、未日，赤老溫領之，爲第四怯薛。赤老溫後絕，其後怯薛常以右丞相領之。

凡怯薛長之子孫，或由天子所親信，或由宰相所薦舉，或以其次序所當爲，卽襲其職，以掌環衞。雖其官卑勿論也，及年勞旣久，則遂擢爲一品官。而四怯薛之長，天子或又命大臣以總之，然不常設也。其它預怯薛之職而居禁近者，分冠服、弓矢、食飲、文史、車馬、廬帳、府庫、醫藥、卜祝之事，悉世守之。雖以才能受任，使服官政，貴盛之極，然一日歸至內庭，則執其事如故，至於子孫無改，非甚親信，不得預也。

其怯薛執事之名：則主弓矢、鷹隼之事者，曰火兒赤、昔寶赤、怯憐赤。書寫聖旨，曰扎里赤。爲天子主文史者，曰必闍赤。親烹飪以奉上飲食者，曰博尔赤。侍上帶刀及弓矢者，曰云都赤、闊端赤。司閽者，曰八剌哈赤。掌酒者，曰答剌赤。典車馬者，曰兀剌赤、莫倫赤。掌內府尙供衣服者，曰速古兒赤。牧駱駝者，曰帖麥赤。牧羊者，曰火你赤。捕盜者，曰忽剌罕赤。奏樂者，曰虎兒赤。又名忠勇之士，曰霸都魯。勇敢無敵之士，曰拔突。其名類蓋不一，然皆天子左右服勞侍從執事之人，其分番更直，亦如四怯薛之制，而領於怯薛之長。

若夫宿衞之士，則謂之怯薛歹，亦以三日分番入衞。其初名數甚簡，後累增爲萬四千人。揆之古制，猶天子之禁軍。是故無事則各執其事，以備宿衞禁庭；有事則惟天子之所指使。比之樞密各衞諸軍，於是爲尤親信者也。

然四怯薛歹，自太祖以後，累朝所御斡耳朶，其宿衞未嘗廢。是故一朝有一朝之怯薛，總而計之，其數滋多，每歲所賜鈔幣，動以億萬計，國家大費每敝於此焉。

右衞：中統三年，以侍衞親軍都指揮使董文炳兼山東東路經略使，共領武衞軍事。命益都行省大都督撒吉思驗壬子年已定民籍，及照李璮總籍軍數，每千戶內選練習軍士二人充侍衞軍，幷海州、東海、漣州三處之軍屬焉。至元元年，改武衞爲侍衞親軍，分左右翼，置都指揮使。八年，改立左、右、中三衞，掌宿衞扈從，兼屯田，國有大事，則調度之。

左衞、中衞：並至元八年侍衞親軍改立。

前衞：至元十六年，以侍衞親軍創置前、後二衞，掌宿衞扈從，兼營屯田，國有大事，則調度之，置都指揮使。

後衞：亦至元十六年置。

武衞：至元二十五年，尙書省奏，那海那的以漢軍一萬人，如上都所立虎賁司，營屯田，修城隍。二十六年，樞密院官暗伯奏，以六衞六千人，塔剌海孛可所掌大都屯田三千人，及近路迤南萬戶府一千人，總一萬人，立武衞親軍都指揮使司，掌修治城隍及京師內外工役之事。

左都威衞：至元十六年，世祖以新取到侍衞親軍一萬戶，屬之東宮，立侍衞親軍都指揮使司。三十一年，復以屬皇太后，改隆福宮左都威衞使司。至大三年，選其軍之善造作者八百人，立千戶所一及百戶翼八以掌之，而分局造作。皇慶元年，以王平章舊所領軍一千人，立屯田。至治三年，罷匠軍千戶所。

右都威衞：國初，木華黎奉太祖命，收扎剌兒、兀魯、忙兀、納海四投下，以按察兒、孛羅、笑乃䚟、不里海拔都兒、闊闊不花五人領探馬赤軍。旣平金，隨處鎭守。中統三年，世祖以五投下探馬赤立蒙古探馬赤總管府。至元十六年，罷其軍，各於本投下應役。十九年，仍令充軍。二十一年，樞密院奏，以五投下探馬赤軍俱屬之東宮，復置官屬如舊。二十二年，改蒙古侍衞親軍指揮使司。三十一年，改隆福宮右都威衞使司。

唐兀衞：至元十八年，阿沙、阿束言：「今年春，奉命總領河西軍三千人，但其所帶虎符金牌者甚衆，征伐之重，若無官署，何以防閑之。」樞密院以聞，遂立唐兀衞親軍都指揮使司以總之。

貴赤衞：至元二十四年立。

西域親軍：元貞元年，依貴赤、唐兀二衞例，始立西域親軍都指揮使司。

衞候直都指揮使司：至元元年，裕宗招集控鶴一百三十五人。三十一年，徽政院增控鶴六十五人，立衞候司以領之，且掌儀從金銀器物。元貞元年，皇太后復以晉王校尉一百人隸焉。大德十一年，益以懷孟從行控鶴二百人，陞衞候直都指揮使司。至大元年，復增控鶴百人，總六百人，設百戶所六，以爲其屬。至治三年罷之。四年，以控鶴六百三十人，歸于皇后位下，後復置立。〔一〕

右阿速衞：至元九年，初立阿速拔都達魯花赤，後招集阿速正軍三千餘名，復選阿速揭只揭了溫怯薛丹軍七百人，扈從車駕，掌宿衞城禁，兼營潮河、蘇沽兩川屯田，并供給軍儲。二十三年，爲阿速軍南攻鎮巢，殘傷者衆，遂以鎮巢七百戶屬之，并前軍總爲一萬戶，隸前後二衞。至大二年，始改立右衞阿速親軍都指揮使司。

左阿速衞：亦至大二年改立。

隆鎮衞：睿宗在濳邸，嘗於居庸關立南、北口屯軍，徼巡盜賊，各設千戶所。至元二十五年，以南、北口上千戶所總領之。至大四年，改千戶所爲萬戶府，分欽察、唐兀、貴赤、西域、左右阿速諸衞軍三千人，幷南、北口、太和嶺舊隘漢軍六百九十三人，屯駐東西四十三處，立十千戶所，置隆鎮上萬戶府以統之。皇慶元年，始改爲隆鎮衞親軍都指揮使司。延祐二年，又以哈兒魯軍千戶所隸焉。至治元年，置蒙古、漢軍籍。

左衞率府：至大元年，命以中衞兵萬人立衞率府，屬之東宮。時仁宗爲皇太子，曰：「世祖立五衞，象五方也，其制猶中書之六部，殆不可易。」遂命江南行省萬戶府，選漢軍之精銳者一萬人，爲東宮衞兵，立衞率府。延祐(元)〔四〕年，改爲(忠)〔中〕翊府，〔三〕未幾復改爲御臨親軍都指揮使司，又以御臨非古典，改爲羽林。六年，英宗立爲皇太子，復以隸東宮，仍爲左衞率府。

右衞率府：延祐五年，以詹事禿滿迭兒所管速怯那兒萬戶府，〔三〕及迤東、女直兩萬戶府，右翼屯田萬戶府兵，合爲右衞率府，隸皇太子位下。

康禮衞：武宗至大三年，定康禮軍籍。凡康禮氏之非者，皆別而黜之，驗其實，始得入籍。及諸侯王阿只吉、火郎撒所領探馬赤，屬康禮氏者，令樞密院康禮衞遣人乘傳，往置籍焉。

忠翊侍衞：至元二十九年，始立屯田府。大德十一年，增軍數，立爲大同等處侍衞親軍都指揮使司。至大四年四月，皇太后修五臺寺，遂移屬徽政院，并以京兆軍三千人增入。延祐元年，改中都威衞使司，仍隸徽政院。至治元年，始改爲忠翊侍衞親軍都指揮使司。

宗仁衞：至治二年，右丞相拜住奏：「先脫別鐵木叛時，沒入亦乞列思人一百戶，與今所收蒙古子女三千戶，淸州匠二千戶，合爲行軍五千，請立宗仁衞以統之。」於是命右丞相拜住總衞事，給降虎符牌面，如右衞率府，又置行軍千戶所隸焉。

右欽察衞：至元二十三年，依河西等衞例，立欽察衞。至治二年，分爲左右兩衞。天曆二年，以本衞屬大都督府。

左欽察衞：亦至治二年立。始至元中立衞時，設行軍千戶十有九所，屯田三所。大德中，置只兒哈郎、鐵哥納兩千戶所。至大元年，復設四千戶所。至是始分爲左右二衞，亦屬大都督府。

龍翊侍衞：天曆元年十二月，立龍翊衞親軍都指揮使司，以左欽察衞唐吉失等九千戶隸焉。

虎賁親軍都指揮使司。

左翊蒙古侍衞親軍都指揮使司。

右翊蒙古侍衞親軍都指揮使司。

宣忠斡羅思扈衞親軍都指揮使司。

威武阿速衞親軍都指揮使司。

東路蒙古侍衞親軍都指揮使司。

女直侍衞親軍萬戶府。

高麗女直漢軍萬戶府管女直侍衞親軍萬戶府。

鎭守海口侍衞親軍屯儲都指揮使司。

宣鎭侍衞。

世祖中統元年四月，諭隨路管軍萬戶，有舊從萬戶三哥西征軍人，悉遣至京師充防城軍：忙古解軍三百一十九人，嚴萬戶軍一千三百四十五人，濟南路軍一百四十人，脫赤剌軍一百四十九人，糺查剌軍一百四十五人，馬總管軍一百四十四人。

三年十月，諭益都大小管軍官及軍人等：「先李璮懷逆，蒙蔽朝廷恩命，驅駕爾等以爲己惠，爾等雖有效過功勞，殊無聞報，一旦泯絕，此非爾等不忠之愆，實李璮懷逆之罪也。今侍衞親軍都指揮使董文炳來奏其詳，言爾等各有願爲朝廷出力之語，此復見爾等存忠之久也。今命董文炳仍爲山東東路經略使，收集爾等，直隸朝廷，充武衞軍近侍勾當。比及應職，且當守把南邊，隄防外隙，庶內境軍民各得安業。爾等宜益盡心，以圖勳效。」

至元二年十二月，增侍衞親軍一萬人，內選女直軍三千，高麗軍三千，阿海三千，益都路一千。每千人置千戶一員，百人置百戶一員，以領之。仍選丁力壯銳者，以應役焉。

三年五月，帝謂樞密臣曰：「侍衞親軍，非朕命不得發充夫役。修瓊華島士卒，卽日放還。」

四年七月，諭東京等路宣撫司，命於所管戶內，以十等爲率，於從上第三等戶，簽選侍衞親軍一千八百名。若第三等戶不敷，於第四等戶內簽補。仍定立千戶、百戶、牌子頭，幷其家屬同來，赴中都應役。

十四年五月，以蒙古軍與漢軍相參，備都城內外及萬壽山宿衞，仍以也速不花領圍宿事。

十五年五月，總管胡翔請還侍衞軍。先是，宿州蘄縣等萬戶府士卒百人，有旨俾充侍衞軍，後從僉省嚴忠範征西川，旣而嘉定、重慶、夔府皆下，忠範回軍，留西道。翔上言，從之。九月，以總管張子良所匿軍二千二百三十二人，充侍衞軍士。

十六年四月，選揚州省新附軍二萬人，充侍衞親軍，倂其妻子，遷赴京師。

二十四年十月，總帥汪惟和選麾下銳卒一千人，請擇昆弟中一人統之，以備侍衛，從之。

成宗元貞四年八月，〔四〕詔：「蒙古侍衛所管探馬赤軍人子弟，投充諸王位下身役者，悉遵世祖成憲，發還元役充軍。」

大德六年二月，調蒙古侍衛等軍一萬人，往官山住夏。

仁宗延祐六年九月，知樞密院事塔失鐵木兒言：「諸漢人不得點圍宿軍士，圖籍係軍數者，雖御史亦不得預知，此國制也。比者，領圍宿官言，中書命司計李處恭巡視守倉庫軍卒，有曠役者則罪之，以懲其後，使無怠而已。而李司計擅取軍數，葺士卒，在法爲過。臣等議，宜自中書與樞密遣人案之，驗實以聞。」制可。七年六月，以紅城中都威衛係掌軍務之司，屬徽政院不便，命遵舊制，俾樞密總之。

圍宿軍

世祖至元二十六年七月，命大都侍衛軍內，復起一萬人赴上都，以備圍宿。

成宗元貞二年十月，樞密院臣言：「昔大朝會時，皇城外皆無牆垣，故用軍環繞，以備圍宿。今牆垣已成，南北西三畔皆可置軍，獨御酒庫西，地窄不能容。臣等與丞相完澤議，各城門以蒙古軍列衞，〔五〕及於周橋南置戍樓，以警昏旦。」從之。

武宗至大四年正月，省臣等傳皇太子命，以大朝會調蒙古、漢軍三萬人備圍宿，仍遣使發山東、河北、河南、淮北諸路軍至京師。復命都府、左右翼、右都威衞整器仗車騎。六月，以諸侯王、駙馬等來朝，命發各衞色目、漢軍八百二十六人至上京，復命指揮使也干不花領之。

仁宗皇慶元年六月，命衞率府軍士備圍宿，守隆福宫內外禁門。十一月，樞密院臣言：「皇太后有旨，禁掖門可嚴守衞。臣等議，增置百戶一員，及於欽察、貴赤、西域、唐兀、阿速等衞調軍士九十人，增守諸掖門，復命千戶一員，帥領百戶一員，備巡邏。」從之。延祐三年十月，以諸侯王來朝，命圍宿軍士六千人增至一萬人；復命也了干、禿魯分左右部領其事。十一月，詔圍宿軍士，除舊有者，更增色目軍萬人，以備禁衞。十二月，樞密院臣言：「圍宿軍士不及數，其已發各衞者，地遠至不能如期，可還刈葦草及青塔寺工役軍先備守衞。其各衞還家軍士，亦發二萬五千人，令備車馬器械，俱會京師。」制可。六年閏八月，命知樞密院事衆嘉領圍宿，發五衞軍代羽林軍士，仍以千戶二員、百戶十員，擇士卒精銳者二百人屬之。

英宗至治元年正月，帝詣石佛寺，以其牆垣疏壞，命副樞朮溫台、僉院阿散領圍宿士卒，以備巡邏。八月，東内皇城建宿衞屋二十五楹，命五衞内摘軍二百五十人居之，以備禁衞。

文宗天曆二年二月，樞密院臣言：「去歲嘗奉旨，依先制調軍守把圍宿，此時各翼軍人，皆隨處出征，亦有潰散者，故不及依次調遣，止於右翼侍衞及右都威衞内，發軍一千一百二十六名以備圍宿。今歲車駕行幸，臣等議於河南、山東兩都府内，起遣未差軍士一千三名，以備扈從。」制可。五月，樞密臣又言：「比奉令旨，放散軍人。臣等議，常制以三月一日放散，六月一日赴限，今放散既遲，可令於八月一日赴限。」從之。

儀仗軍

世祖至元十二年十二月，上尊號、受册，告祭天地宗廟，調左、右、中三衞軍五十人爲蹕街清路軍。

武宗至大二年十二月，上尊號，百官行朝賀禮，樞密院調軍一千人備儀仗。三年十月，上皇太后尊號，行册寶禮，用内外儀仗軍數，及防護五色甲馬軍二百人。四年二月，合祭天地、太廟、社稷，用蹕街清道及守内外壝門軍一百八十人，命以圍宿軍爲之，事畢還役。七月，以奉迎武宗玉册祔廟，用清路蹕街軍一百五十人，管軍千戶、百戶各一員。九月，以祭享太廟，用蹕街清路軍一百五十人，千戶、百戶各一員。

仁宗皇慶元年三月，天壽節行禮，用內外儀仗軍一千人。

英宗至治元年十一月，命有司選控鶴衞士，及色目、漢軍以備鹵簿儀仗。十二月，定鹵簿隊仗，用軍士二千三百三十人，萬戶、千戶、百戶四十五員。仍議用軍士一千九百五十人，萬戶、千戶、百戶五十九員，以備儀仗。

致和元年六月，以享太廟，用蹕街清路軍一百名，看粆盆軍一百名，管軍官千戶、百戶各一員。九月，行大禮，用擎執儀仗蒙古、漢軍一千名。

文宗天曆元年十一月，親祭太廟，內外用儀仗并五色甲馬軍一千六百五十名，仍命指揮靑山及洪副使攝折衝都尉提調。二年，正旦行禮，用儀仗軍一千人。享太廟，用蹕街清路軍一百名，看守粆盆軍一百名，管軍千戶、百戶各一員。天壽節行禮，用儀仗軍一千名。皇后册寶擎執儀仗，用軍一千二百名，軍官四員。」

扈從軍

世祖至元十七年三月，發忙古䚟、抄兒赤所領河西軍士，及阿魯黑麾下二百人，入備扈從。

武宗至大二年，太后將幸五臺，徽政院官請調軍扈從。省臣議：「昔大太后嘗幸五臺，於住夏探馬赤及漢軍內，各起扈從軍三百人，今遵故事。」從之。十一月，樞密院臣言：「去歲六衞漢軍內，以諸處興建工役，故用六千軍士於上都。臣等議，來歲車駕行幸，復令騎卒六千人，備車馬器仗，與步卒二千人扈從。」制可。

看守軍

世祖至元二十五年十一月，以軍守都城外倉。初，大都城內倉敖有軍守之，城外豐閏、豐實、廣貯、通濟四倉無守者。至是收糧頗多，丞相桑哥以爲言，乃依都城內倉例，每倉發軍五人守之。十二月，中書省臣言：「樞密院公廨後，有倉貯糧，乞調軍五人看守。」從之。

成宗大德四年二月，調軍五百人，於新浚河內看閘。

武宗至大四年六月，帝御大安閣，樞密院官奏：「嘗奉旨，令各門置軍守備。臣等議，探馬赤軍士去其所戍地遠，卒莫能至，擬發阿速、唐兀等軍，參漢軍用之，各門置五十人。」制可。

仁宗延祐元年閏三月，隆禧院官言：「初，世祖影殿，有軍士守之。今武宗御容於大崇恩福元寺安置，宜依例調軍守衞。」從之。三年二月，嶺北省乞軍守衞倉庫，命於丑漢所屬萬戶三千探馬赤軍內，摘軍三百人與之。

英宗至治元年，增守太廟牆垣軍。初，以衞士軍人共守園宿，故止用蒙古軍四百人，至是以衞士守內牆垣，其外壖止用軍士，乃增至八百人，復命僉院哈散、院判阿剌鐵木兒領之。四月，敕捌思吉斡節兒八哈失寺內，常令軍士五人守衞。

巡邏軍

仁宗皇慶元年三月，丞相鐵木迭兒奏：「每歲旣幸上京，於各宿衞中留衞士三百七十人，以備巡邏，今歲多盜賊，宜增百人，以嚴守禦。」制可。仍命樞密與中書分領之。延祐七年五月，詔留守司及虎賁司官，親率衆於夜巡邏。

鎮遏軍

仁宗延祐元年閏三月，樞密院官奏：「中書省言，江浙春運糧八十三萬六千二百六十石，取日開洋，前來直沽，請預差軍人鎮遏。」詔依年例，調軍一千名，命右衞副都指揮使伯顏往鎮遏之。三年四月，海運至直沽，樞密院官奏：「今歲軍數不敷，乞調軍士五百人巡鎮。」從之。七年四月，調海運鎮遏軍一千人，如舊制。

鎮戍

元初以武功定天下，四方鎮戍之兵亦重矣。然自其始而觀之，則太祖、太宗相繼以有西域、中原，而攻取之際，屯兵蓋無定向，其制殆不可考也。世祖之時，海宇混一，然後命宗王將兵鎮邊徼襟喉之地，而河洛、山東據天下腹心，則以蒙古、探馬赤軍列大府以屯之。淮、江以南，地盡南海，則名藩列郡，又各以漢軍及新附等軍戍焉。皆世祖宏規遠略，與二三大臣之所共議，達兵機之要，審地理之宜，而足以貽謀於後世者也。故其後江南三行省，嘗以遷調戍兵爲言，當時莫敢有變其法者，誠以祖宗成憲，不易於變更也。然卒之承平既久，將驕卒惰，軍政不修，而天下之勢遂至於不可爲，夫豈其制之不善哉，蓋法久必弊，古今之勢然也。今故著其調兵屯守之制，而列之爲鎮戍焉。

世祖中統元年五月，詔漢軍萬戶，各於本管新舊軍內摘發軍人，備衣甲器仗，差官領赴燕京近地屯駐：萬戶史天澤一萬四百三十五人，張馬哥二百四十人，解成一千七百六十人，〔六〕糺叱剌四百六十六人，斜良拔都八百九十六人，扶溝馬軍奴一百二十九人，內黃鐵木兒一百四十四人，趙奴懷四十一人，鄢陵勝都古六十五人。十一月，命右三部尙書怯烈門、平章政事趙璧領蒙古、漢軍，於燕京近地屯駐；平章塔察兒領武衞軍一萬人，屯駐北山；漢軍、質子軍及簽到民間諸投下軍，於西京、宣德屯駐。復命怯列門爲大都督，管領諸軍勾當，分達達軍爲兩路，一赴宣德、德興，一赴興州。其諸萬戶漢軍，則令赴潮河屯守。後復以興州達達軍合入德興、宣德，命漢軍各萬戶悉赴懷來、縉山川中屯駐。

三年十月，詔田德實所管固安質子軍九百十六戶，及平灤州劉不里剌所管質子軍四百戶，還元管地面屯駐。

至元七年，以金州軍八百隸東川統軍司，還成都，忽朗吉軍戍東川。十一年正月，以忙古帶等新舊軍一萬一千人戍建都。調襄陽府生券軍六百人、熟券軍四百人，由京兆府鎭戍鴨池，命金州招討使欽察部領之。十二月，調西川王安撫、楊總帥軍與火尼赤相合，與丑漢、黃兀剌同鎭守合答之城。

十二年二月，詔以東川新得城寨，逼近夔府，恐南兵來侵，發鞏昌路補簽軍三千人戍之。三月，海州丁安撫等來降，選五州丁壯四千人，守海州、東海。

十三年十月，命別速艄、忽別列八都兒二人爲都元帥，領蒙古軍二千人、河西軍一千人，守斡端城。

十五年三月，分揚州行省兵於隆興府。初，置行省，分兵諸路調遣，江西省軍爲最少，至是以南廣地闊，阻山谿之險，命鐵木兒不花領兵一萬人赴之，合元帥塔出軍，以備戰守。四月，詔以伯顏、阿朮所調河南新簽軍三千人，還守廬州。六月，命荊湖北道宣慰使塔海調遣夔府諸軍士。七月，詔以塔海征夔軍之還戍者，及揚州、江西舟師，悉付水軍萬戶張榮實將之，守禦江中。八月，命江南諸路戍卒，散歸各所屬萬戶屯戍。初，渡江所得城池，發各萬戶部曲士卒以戍之，久而亡命死傷者衆，續至者多不着行伍，至是縱還各營，以備屯戍。安西王相府言：「川蜀既平，城邑山寨洞穴凡八十三所，其渠州禮義城等處凡三十三所，宜以兵鎭守，餘悉撤去。」從之。九月，詔發東京、北京軍四百人，往戍應昌府，其應昌舊戍士卒，悉令散歸。十一月，定軍民異屬之制，及蒙古軍屯戍之地。先是，以李壇叛，分軍民爲二，而異其屬，後因平江南，軍官始兼民職，遂因之。凡以千戶守一郡，則率其麾下從之，百戶亦然，不便。至是，令軍民各異屬，如初制。士卒以萬戶爲率，擇可屯之地屯之，諸蒙古軍士，散處南北及還各奧魯者，亦皆收聚。令四萬戶所領之衆屯河北，阿朮二萬戶屯河南，以備調遣，餘丁定其版籍，編入行伍，俾各有所屬，遇征伐則遣之。

十六年二月，命萬戶孛朮魯敬，領其麾下舊有士卒守湖州。先是，以唐、鄧、均三州士卒二百八十八人屬敬麾下，後遷戍江陵府，至是還之。四月，定上都戍卒用本路元籍軍士。國制，郡邑鎮戍士卒，皆更相易置，故每歲以他郡兵戍上都，軍士罷於轉輸。至是，以上都民充軍者四千人，每歲令備鎮戍，罷他郡戍兵。六月，碉門、魚通及黎、雅諸處民戶，不奉國法，議以兵戍其地。發新附軍五百人、蒙古軍一百人、漢軍四百人，往鎮戍之。七月，以西川蒙古軍七千人、新附軍三千人，付皇子安西王。命闊里鐵木兒以戍杭州軍六百九十人赴京師，調兩淮招討小厮蒙古軍，及自北方迴探馬赤軍代之。八月，調江南新附軍五千駐太原，五千駐大名，五千駐衞州。又發探馬赤軍一萬人，及夔府招討張萬之新附軍，俾四川西道宣慰使也罕的斤將之，戍斡端。

十七年正月，詔以他令不罕守建都，布吉䚟守長河西之地，無令遷易。三月，同知浙東道宣慰司事張鐸言：「江南鎮戍軍官不便，請以時更易置之。」國制，既平江南，以兵戍列城，其長軍之官，皆世守不易，故多與富民樹黨，因奪民田宅居室，蠹有司政事，爲害滋甚。鐸上言，以爲皆不遷易之弊，請更其制，限以歲月遷調之，庶使初附之民，得以安業也。五月，命樞密院調兵六百人，守居庸關南、北口。七月，〔敕更代〕廣州鎮戍士卒。〔七〕初以丞相伯顏等麾下合必赤軍二千五百人，從元帥張弘範征廣王，因留戍焉。歲久皆貧困，多死亡者。至是，命更代之。復以揚州行省四萬戶蒙古軍，更戍潭州。十月，發砲卒千人入甘州，備戰守。十二月，八番羅甸宣慰司請增戍卒。先是，以三千人戍八番，後征亦奚不薛，分摘其半。至是師還，宣慰司復請益兵，以備戰守，從之。

十八年正月，命萬戶張珪率麾下往就潭州，還其祖父所領亳州士卒，幷統之。二月，以合必赤軍三千戍揚州。十月，高麗王幷行省皆言，金州、合浦、固城、全羅州等處，沿海上下，與日本正當衝要，宜設立鎭邊萬戶府屯鎭，從之。十一月，詔以征東留後軍，分鎭慶元、上海、澉浦三處上船海口。

十九年二月，命唐兀觲於沿江州郡，視便宜置軍鎭戍，及諭鄂州、揚州、隆興、泉州等四省，議用兵戍列城。徙浙東宣慰司於溫州，分軍戍守江南，自歸州以及江陰至三海口，凡二十八所。四月，調揚州合必〔赤〕軍三千人鎭泉州。〔八〕又潭州行省以臨川鎭地接占城及未附黎洞，請立總管府，一同鎭戍，從之。七月，以隆興、西京軍士代上都戍卒，還西川。先是，上都屯戍士卒，其奧魯皆在西川，而戍西川者，多隆興、西京軍士，每歲轉餉，不勝勞費，至是更之。

二十年八月，留蒙古軍千人戍揚州，餘悉縱還。揚州所有蒙古士卒九千人，行省請以三分爲率，留一分鎭戍。史塔剌渾曰：「蒙古士卒悍勇，孰敢當，留一千人足矣。」從之。十月，發乾討虜軍千人，增戍福建行省。先是，福建行省以其地險，常有盜負固爲亂，兵少不足戰守，請增蒙古、漢軍千人。樞密院議以劉萬奴所領乾討虜軍益之。

二十一年四月，詔潭州蒙古軍依揚州例，留一千人，餘悉放還諸奧魯。十月，增兵鎮守金齒國，以其地民戶剛狠，舊嘗以漢軍、新附軍三千人戍守，今再調探馬赤、蒙古軍二千人，令藥剌海率赴之。

二十二年二月，詔改江淮、江西元帥招討司爲上、中、下三萬戶府，蒙古、漢人、新附諸軍，相參作三十七翼。上萬戶：宿州、蘄縣、眞定、沂郯、益都、高郵、沿海，七翼。中萬戶：棗陽、十字路、邳州、鄧州、杭州、懷州、孟州、眞州，八翼。下萬戶：常州、鎭江、潁州、廬州、亳州、安慶、江陰水軍、益都新軍、湖州、淮安、壽春、揚州、泰州、弩手、保甲、處州、上都新軍、黃州、安豐、松江、鎭江水軍、建康，二十二翼。每翼設達魯花赤、萬戶、副萬戶各一人，以隸所在行院。

二十四年五月，調各衞諸色軍士五百人於平灤，以備鎭戍。十月，詔以廣東係邊徼之地，山險人稀，兼江西、福建賊徒聚集，不時越境作亂，發江西行省忽都鐵木兒麾下軍五千人，往鎭守之。

二十五年二月，調揚州省軍赴鄂州，代鎭戍士卒。三月，詔黃州、蘄州、壽昌諸軍還隸江淮省。始三處舊置鎭守軍，以近鄂州省，嘗分隸領之，至是軍官以爲言，遂仍其舊。遼陽行省言，懿州地接賊境，請益兵鎭戍，從之。四月，調江淮行省全翼一下萬戶軍，移鎭江西省。

從皇子脫歡士卒及劉二拔都麾下一萬人，皆散歸各營。十一月，增軍戍咸平府，以察忽、亦兒思合言其地實邊徼，請益兵鎮守，以備不虞故也。

二十六年二月，命萬戶劉得祿以軍五千人，鎮守八番。

二十七年六月，調各行省軍於江西，以備鎮戍，俟盜賊平息，而後縱還。九月，以元帥那懷麾下軍四百人守文州。調江淮省下萬戶府軍於福建鎮戍。十一月，江淮行省言：「先是丞相伯顏及元帥阿朮、阿塔海等守行省時，各路置軍鎮戍，視地之輕重，而爲之多寡，厥後忙古䚟代之，悉更其法，易置將吏士卒，殊失其宜。今福建盜賊已平，惟浙東一道，地極邊惡，賊所巢穴，請復還三萬戶以鎮守之。合剌帶一軍戍沿海、明、台，亦怯烈一軍戍溫、處，札忽帶一軍戍紹興、婺州。其寧國、徽州初用土兵，後皆與賊通，今盡遷之江北，更調高郵、泰州兩萬戶漢軍戍之。揚州、建康、鎮江三城，跨據大江，人民繁會，置七萬戶府。杭州行省諸司府庫所在，置四萬戶府。水戰之法，舊止十所，今擇瀕海沿江要害二十二所，分兵閱習，伺察諸盜。錢塘控扼海口，舊置戰艦二十艘，今增置戰艦百艘，海船二十艘。」樞密院以聞，悉從之。

二十八年二月，調江淮省探馬赤軍及漢軍二千人，於脫歡太子側近揚州屯駐。

二十九年，以咸平府、東京所屯新附軍五百人，增戍女直地。

三十年正月，詔西征探馬赤軍八千人，分留一千或二千，餘令放還。皇子奥魯赤、大王朮伯言，切恐軍散釁生，宜留四千，還四千，從之。五月，命思播黄平、鎮遠拘刷亡宋避役手號軍人，以增鎮守。七月，調四川行院新附軍一千人，戍松山。

成宗元貞元年七月，樞密院官奏：「劉二拔都兒言，初鄂州省安置軍馬之時，南面止是潭州等處，後得廣西海外四州、八番洞蠻等地，疆界闊遠，闕少戍軍，復增四萬人。今將元屬本省四翼萬戶軍分出，軍力減少。臣等謂劉二拔都兒之言有理，雖然江南平定之時，沿江安置軍馬，伯顏、阿朮、阿塔海、阿里海牙、阿剌罕等，俱係元經攻取之人，又與近臣月兒魯、孛羅等樞密院官同議安置者。乞命通軍事、知地理之人，同議增減安置，庶後無弊。」從之。

二年五月，江浙行省言：「近以鎮守建康、太平保定萬戶府全翼軍馬七千二百一十二名，調屬湖廣省，乞分兩淮戍兵，於本省沿海鎮遏。」樞密院官議：「沿江軍馬，係伯顏、阿朮安置，勿令改動，止於本省元管千戶、百戶軍內，發兵鎮守之。」制可。九月，詔以兩廣海外四州城池戍兵，歲一更代，往來勞苦。給俸錢，選良醫，往治其疾病者。命三二年一更代之。

三年二月，調揚州翼鄧新萬戶府全翼軍馬，分屯蘄、黄。

大德元年三月，陝西平章政事脫烈伯領總帥府軍三千人，收捕西番回，詔留總帥軍百人及階州舊軍、禿思馬軍各二百人守階州，餘軍還元翼。湖廣省請以保定翼萬人，移鎮郴州，樞密院官議：「此翼乃張柔所領征伐舊軍，宜遷入鄂州省屯駐，別調兵守之。」七月，招收亡宋左右兩江土軍千人，從思明上思等處都元帥昔剌不花言也。十一月，河南行省言：「前揚州立江淮行省，江陵立荆湖行省，各統軍馬，上下鎮遏。後江淮省移於杭州，荆湖省遷於鄂州，黃河之南，大江迤北，汴梁古郡設立河南江北行省，通管江淮、荆湖兩省元有地面。近年併入軍馬，通行管領，所屬之地，大江最爲緊要，兩淮地險人頑，宋亡之後，始來歸順。當時沿江一帶，斟酌緩急，安置定三十一翼軍馬鎮遏，後遷調十二翼前去江南，餘有一十九翼，於內調發，止存元額十分中一二。況兩淮、荆襄自古隘要之地，歸附至今，雖卽寧靜，宜慮未然。乞照沿江元置軍馬，遷調江南翼分，幷各省所占本省軍人，發還元翼，仍前鎮遏。」省院官議，以爲「沿江安置三十一翼軍馬之說，本院無此簿書，問之河南省官孛魯歡，其省亦無樞密院文卷，內但稱至元十九年，伯顏、玉速鐵木兒等共擬其地安置三萬二千軍，後增二千，總三萬四千，今悉令各省差占及逃亡事故者還充役足矣。又孛魯歡言，去年伯顏點視河南省見有軍五萬二百之上，又若還其占役事故軍人，則共有七八萬人。此數之外，脫歡太子位下有一千探馬赤、一千漢軍，阿剌八赤等哈剌魯亦在其地，設有非常，皆可調用。據各省占役，總計軍官、軍人一萬三千八百八十一名，軍官二百九名，軍人一萬三千六百七十二名，內漢軍五千五百八十名，新附軍八千二十八名，蒙古軍六十四名。江浙省占役軍官、軍人四千九百五十七名，湖廣省占役軍官、軍人七千六百三名，福建省占役軍官、軍人一千二百七十二名，江西省出征收捕未回新附軍四十九名，悉令還役。」江浙省亦言：「河南行省見占本省軍人八千八百三十三名，亦宜遣還鎮遏。」有旨，兩省各差官赴闕辨議。

二年正月，樞密院臣言：「阿剌䚟、脫忽思所領漢人、女直、高麗等軍二千一百三十六名內，有稱海對陣者，有久戍四五年者，物力消乏，乞於六衞軍內分一千二百人，大同屯田軍八百人，徹里台軍二百人，總二千二百人往代之。」制可。三月，詔各省合併鎮守軍，福建所置者合爲五十三所，江浙所置者合爲二百二十七所，江西元立屯軍鎮守二百二十六所，減去一百六十二所，存六十四所。

三年三月，沅州賊人嘯聚，命以毗陽萬戶府鎮守辰州，鎮巢萬戶府鎮守沅州、靖州，上均萬戶府鎮守常（州）〔德〕、澧州。〔九〕

五年三月，詔河南省占役江浙省軍一萬一千四百七十二名，除洪澤、芍陂屯田外，餘令發還元翼。

七年四月，調碉門四川軍一千人，鎮守羅羅斯。

八年二月，以江南海口軍少，調蘄縣王萬戶翼漢軍一百人、寧萬戶翼漢軍一百人、新附軍三百人守慶元，自乃顏來者蒙古軍三百人守定海。

武宗至大二年七月，樞密院臣言：「去年日本商船焚掠慶元，官軍不能敵。江浙省言，請以慶元、台州沿海萬戶府新附軍往陸路鎮守，以蘄縣、宿州兩萬戶府陸路漢軍移就沿海屯鎮。臣等議，自世祖時，伯顏、阿朮等相地之勢，制事之宜，然後安置軍馬，豈可輕動。前行省忙古䚟等亦言，以水陸軍互換遷調，世祖有訓曰：『忙古䚟得非狂醉而發此言！以水路之兵習陸路之伎，驅步騎之士而從風水之役，難成易敗，於事何補。』今欲禦備姦宄，莫若從宜於水路沿海萬戶府新附軍三分取一，與陸路蘄縣萬戶府漢軍相參鎮守。」從之。

四年十月，以江浙省嘗言：「兩浙沿海瀕江隘口，地接諸蕃，海寇出沒，兼收附江南之後，三十餘年，承平日久，將驕卒惰，帥領不得其人，軍馬安置不當，乞斟酌衝要去處，遷調鎮遏。」樞密院官議：「慶元與日本相接，且爲倭商焚毀，宜如所請，其餘遷調軍馬，事關機務，別議行之。」十二月，雲南八百媳婦、大、小徹里等作耗，調四川省蒙古、漢軍四千人，命萬戶囊加䚟部領，赴雲南鎮守。其四川省言：「本省地方，東南控接荆湖，西北襟連秦隴，阻山帶江，密邇蕃蠻，素號天險，古稱極邊重地，乞於存恤歇役六年軍內，調二千人往。」從之。

仁宗皇慶元年十一月，詔江西省瘴地內諸路鎮守軍，各移近地屯駐。

延祐四年四月，河南行省言：「本省地方寬廣，關係非輕，所屬萬戶府俱於臨江沿淮上下鎮守方面，相離省府，近者千里之上，遠者二千餘里，不測調度，卒難相應。況汴梁係國家腹心之地，設立行省，別無親臨軍馬，較之江浙、江西、湖廣、陝西、四川等處，俱有隨省軍馬，惟本省未蒙撥付。」樞密院以聞，命於山東河北蒙古軍、河南淮北蒙古軍兩都萬戶府，調軍一千人與之。十一月，陝西都萬戶府言：「碉門探馬赤軍一百五十名，鎮守多年，乞放還元翼。」樞密院臣議：「彼中亦係要地，不宜放還，止令於元翼起遣一百五十名，三年一更鎮守。元調四川各翼漢軍一千名，鎮守碉門、黎、雅，亦令一體更代。」

泰定四年三月，陝西行省嘗言：「奉元建立行省、行臺，別無軍府，唯有蒙古軍都萬戶府，遠在鳳翔置司，相離三百五十餘里，緩急難用。乞移都萬戶府於奉元置司，軍民兩便。」及後陝西都萬戶府言：「自大德三年命移司酌中安置，經今三十餘年，鳳翔離大都、土番、甘肅俱各三千里，地面酌中，不移爲便。」樞密議：「陝西舊例，未嘗提調軍馬，況鳳翔置司三十餘年，不宜移動。」制可。十二月，河南行省言：「所轄之地，東連淮、海，南限大江，北抵黃河，西接關陝，洞蠻草賊出沒，與民爲害。本省軍馬俱在瀕海沿江安置，遠者二千，近者一千餘里，乞以砲手、弩軍兩翼，移於汴梁，并各萬戶府摘軍五千名，設萬戶府隨省鎮遏。」樞密院議：「自至元十九年，世祖命知地理省院官共議，於瀕海沿江六十三處安置軍馬。時汴梁未嘗置軍，揚州衝要重地，置五翼軍馬并砲手、弩軍。今親王脫歡太子鎮遏揚州，提調四省軍馬，此軍不宜更動。設若河南省果用軍，則不塔剌吉所管四萬戶蒙古軍內，三萬戶在黃河之南、河南省之西，一萬戶在河南省之南，脫別台所管五萬戶蒙古軍俱在黃河之北、河南省東北，阿剌鐵木兒、安童等兩侍衞蒙古軍在河南省之北，共十一衞翼蒙古軍馬，俱在河南省周圍屯駐。又本省所轄一十九翼軍馬，俱在河南省之南，沿江置列。果用兵，卽馳奏於諸軍馬內調發。」從之。

校勘記

〔一〕四年以控鶴六百三十人歸于皇后位下後復置立　見卷八九校勘記〔九〕。

〔二〕延祐〔元〕〔四〕年改爲（忠）〔中〕翊府　據本書卷二六仁宗紀延祐四年五月戊寅條、卷八六百官志改。本證已校。

〔三〕速怯那兒萬戶府　見卷八六校勘記〔八〕。

〔四〕成宗元貞四年八月　道光本改作「成宗大德二年八月」，其考證云：「按成宗元貞三年二月改元大德，其四年實大德二年也。」

〔五〕各城門以蒙古軍列衞　道光本據經世大典補改，作「各城以蒙古、漢軍列衞」。

〔六〕解成　見卷四校勘記〔一四〕。

〔七〕〔敕更代〕廣州鎭戍士卒　道光本據經世大典增入，從補。

〔八〕調揚州合必〔赤〕軍三千人鎭泉州　據上下文屢見之「合必赤軍」補。新元史已校。

〔九〕上均萬戶府鎭守常〔州〕〔德〕澧州　據本書卷二〇成宗紀大德三年十二月己酉條改。按常德與澧州毗隣，常州則遠在江浙，地望不合。